中国经济文库·应用经济学精品系列（二）
河南师范大学学术专著出版资金资助

李群峰 ◎ 著

讨价还价分析框架下知识型企业合作剩余分配研究

Bargaining Analysis on the Remain Allocation of Knowledge Enterprises

中国经济出版社
CHINA ECONOMIC PUBLISHING HOUSE
北京

图书在版编目（CIP）数据

讨价还价分析框架下知识型企业合作剩余分配研究/李群峰著.
北京：中国经济出版社，2016.9
ISBN 978-7-5136-4365-8

Ⅰ.①讨… Ⅱ.①李… Ⅲ.①知识型企业—经济合作—研究 Ⅳ.①F276

中国版本图书馆 CIP 数据核字（2016）第 210391 号

责任编辑	焦晓云
责任审读	贺　静
责任印制	马小宾
封面设计	北京华子图文设计公司

出版发行	中国经济出版社
印 刷 者	北京艾普海德印刷有限公司
经 销 者	各地新华书店
开　　本	710mm×1000mm　1/16
印　　张	11.5
字　　数	177 千字
版　　次	2016 年 9 月第 1 版
印　　次	2016 年 9 月第 1 次
定　　价	45.00 元
广告经营许可证	京西工商广字第 8179 号

中国经济出版社 网址 www.economyph.com 社址 北京市西城区百万庄北街 3 号 邮编 100037
本版图书如存在印装质量问题，请与本社发行中心联系调换（联系电话：010-68330607）

版权所有　盗版必究（举报电话：010-68355416　010-68319282）
国家版权局反盗版举报中心（举报电话：12390）　服务热线：010-88386794

自 序

时光如梭,自具有传奇色彩的数学家和经济学家约翰·福布斯·纳什(John Forbes Nash)在 1950 年最早提出非合作博弈(Non-cooperative Games)中的"纳什均衡"概念,60 多年已经悄然而逝,在这期间,博弈论作为分析社会经济现象的主要研究工具得到了越来越广泛的应用。从理论上讲,博弈论是在给定的条件下寻求最优策略,这里给定的条件包含其他人的策略以及本人的决策对其他决策主体的影响。由于博弈论研究理性的行动者在具有斗争或竞争性质时的相互作用,而这种现象在社会科学中极为普遍,因此,它甚至被称为"社会科学的数学",在应用经济学、政治学和社会学等社会科学的各个领域得到了深入的应用。

博弈论的思想起源于各种游戏活动,"博弈"一词的英文单词是 Game,意为对策、游戏。在几千年前人们日常生活的各种娱乐活动(比如下棋、打牌等)中,人们开始思考怎样才能获胜这个问题,博弈的思想由此产生。从现代博弈论的角度来看,这可以归结为参与人在既定信息条件下寻求最佳行动和最优策略的问题。中国古代的《孙子兵法》《孙膑兵法》《三十六计》和《六韬》等书中就记载着许多博弈案例,"田忌与齐王赛马"就是博弈实例之一。西方同时期的著作如《摩诃婆罗多》《梨俱吠陀》和《圣经》也对骰子游戏的玩法进行了探讨,这些都反映出古代的劳动人民很早就对博弈问题产生了认知,只是这些朴素的想法没有形成一套完整的理论体系和方法而已。

真正近代博弈论的发展可以追溯到 18 世纪的西欧。1713 年,詹姆斯·瓦尔德格雷夫(James Waldegrave)在给朋友蒙特茅特(Montmort)

关于两人扑克牌玩法的信中，提出两人博弈的最小最大混合策略解的概念。1838年，法国经济学家奥古斯汀·古诺（Augustin Cournot）在从产量决策和价格决策角度分析垄断的双寡头竞争策略时，引入均衡概念对寡头市场的情况进行了研究。1913年，泽梅罗定理（Zermelo Theorem）明确断言，国际象棋游戏规则是严格确定的，也就是说，在纯粹的策略意义下，国际象棋只能有一条个人理性支付曲线。同一时期，法国数学家波莱尔（Borel）最早用数学语言刻画了博弈问题，提出了"策略"和"混和策略"的概念，研究了下棋和其他许多具体的决策问题，并试图把它们作为应用数学的分支加以系统研究。这些都是关于博弈问题的早期的零星研究。

早期博弈论研究的对象主要是二人零和博弈，这类博弈中双方的利益是完全对立的，一方所得即为另一方等量所失，不存在所谓的合作行为。1928年，美国数学家冯·诺伊曼（Von Neumann）发表了《客厅游戏中的理论》一文，其中提出的最小最大定理为二人零和博弈提供了解法，这被认为是现代博弈论的基础，博弈论中的许多基本概念都与该定理有着密切的联系，例如非合作博弈中的基本概念——纳什均衡就是最小最大定理的延伸与推广。在此期间，讨价还价博弈也开始被研究者提出。1930年，F. 泽尤森（F. Zeuthen）在《垄断问题与经济竞争》一书中提出了关于讨价还价问题的解，该解后来被海萨尼证明与纳什的公理化讨价还价解在一定程度上等价。1944年，冯·诺伊曼和奥斯卡·摩根斯坦（Oskar Morgenstern）合著的《博弈论与经济行为》一书的出版，标志着系统的博弈理论的初步形成。该书介绍了经济主体的典型特征，提出策略型、标准型和扩展型等基本博弈模型，定义并证明了极小化极大解，说明了解在所有二人零和博弈中的存在性，给出了博弈论的一般框架、概念术语和表示方法，奠定了博弈论这门学科的理论和方法论基础。

1950—1951年，纳什发表了《N人博弈的均衡》和《非合作博弈》这两篇关于非合作博弈的开创性论文，将博弈论扩展到非零和博弈，提出并证明了在博弈论中广泛使用的"纳什均衡"概念，为后来各种均衡概念的提出奠定了基础。按海萨尼（1966）的观点，如果博弈中的协议、承诺和威胁等各方认可并执行，则该博弈就属于合作博弈，否则为非合作博弈。纳什的论文突破了"零和博弈"的框架，首次提出纳什均衡的概念并证明了均衡解的存在，为非合作博弈和合作博弈的讨价还价理论奠定了坚实的基础，是博弈论发展的一个重要里程碑。1950年，塔克（Tucker）在斯坦福大学的一次讲座中提出了著名的"囚犯困境"，并使其在社会学、政治学、经济学等学科中得到极为广泛的应用。麦克金斯（Mckinsey）则在1952年出版了第一本博弈论教科书《博弈论入门》。1953年，库恩（Kuhn）在前人研究的基础上对扩展型博弈进行了深入研究。同年，夏普利（Shapley）研究了联盟博弈的求解问题，提出了著名的夏普利值。在对重复博弈的研究中，后来广泛应用的"无名氏定理"也被研究者提出。1966年，奥曼（Aumann）对具有不完全信息的无限重复博弈问题进行了研究，在给美国武器控制和裁军机构的开创性报告中，提出不完全信息的重复博弈模型。1967年，海萨尼（Harsanyi）在"*Management Science*"杂志上发表了其著名论文《由贝叶斯对弈者进行的不完全信息博弈》，在非对称信息条件下用Bayes方法对博弈论模型进行分析，提出不完全信息静态博弈的"贝叶斯—纳什均衡"和不完全信息动态博弈的严格"纳什均衡"概念，从理论上为不完全信息博弈论的研究奠定了理论基础。1965年，泽尔腾（Selten）提出具有子博弈完备均衡概念的精炼纳什均衡，此概念对精炼纳什均衡做出了极大的改进。1982年，克里普斯（Kreps）和威尔逊（Robert Wilson）把以上子博弈完备均衡的思想扩展到扩展形式子博弈中，提出了序贯均衡（Sequential Equilibria）的概念。1985年，尼曼（Neyman）和鲁宾斯坦（Rubinstern）对重复博弈中的有限理性做了系统阐述，并研究了重复博弈情景下的囚犯困境问题。

20世纪60年代初，开始了博弈论在进化生物学应用的研究，形成了进化博弈理论（Evolutionary Game Theory）。进化博弈来源于对生态现象的研究，是从否定传统理论赖以成立的理性人假设出发而建立起来的新的分析框架。史密斯（Smith）与普瑞斯（Price）合作提出进化博弈理论中最为关键的概念——演化稳定策略（Evolutionary Stable Strategy）。在进化博弈中，进化稳定均衡不是一个终极状态，它只代表博弈过程中的某个阶段。进化博弈关注的是博弈的过程而非结果。由于进化博弈理论在处理理性参与人决策问题时忽略了参与人偏好、信念及理性假定等条件，仅仅假定参与人遵循的行为规则就可以对进化过程中的不同均衡点进行研究，非常适合对社会制度变迁的研究，因而在社会科学的相关领域得到了广泛的应用。

经过许多专家的不断研究，现代博弈理论已发展成一门较完善的学科。博弈论（Game Theory）和决策论（Decision Theory）、运筹学（Operations Research）等一起构成了现代企业经济、军事战略等系统管理学的理论基础，被广泛应用于经济学、政治学、军事学甚至生物学等各个领域。在生物学领域，博弈论被用于研究进化生物学中种群间和种群内的竞争。在政治、军事学领域，博弈论被用于分析选举策略、战争起因、立法议程安排等重大事宜。在经济学领域，经济学教材和杂志无不收入博弈论的内容，经济学家们已经把研究策略相互作用的博弈论当作最合适的分析工具，并将其用于分析各类经济问题，如公共经济、国际贸易、自然资源经济、工业管理等。

就博弈论应用于经济学的直接效益而言，以1994年美国政府拍卖电磁波谱为例，这一多回合拍卖由一批博弈论专家本着最大化政府收益和各商家的利用率原则精心设计，取得了极大的成功，政府获得超过一百亿美元的收入，各频率的波谱也都找到了满意的归宿。与此相对应的是，新西兰一个类似却没有经过博弈理论设计的拍卖会惨遭失败，政府只获得预计收入的15%，而被拍卖的频率也未能物尽其用。正因为博弈论对现代经济学具有如此重大的影响，1994年的诺贝尔经济学奖授予了纳什、海萨尼和泽尔腾三位研究博弈论的经济学家。1995年和1996年，诺贝尔经济学奖再次被分别授予了理性预期学派创始人卢卡斯（Robert Lucas）、研究拍卖理论和信息经济学的莫里斯（Mirrlees）及维克里（Vickrey），以表彰博弈论对现代经济学的影响与贡献。

作为知识和资本的结合体，知识型企业有着不同于传统企业的管理机制和合作剩余分配方式，如何协调并解决其中人力资本和物质资本之间的合作剩余分配是研究者长期关注的重要问题之一。讨价还价博弈理论作为博弈论的重要分支，是经济学研究的诸多领域用来研究利益分配问题的有力工具。以讨价还价博弈理论作为研究工具对知识型企业的合作剩余分配进行研究，可以更为准确地刻画合作剩余的分配过程和各种外界因素对分配结果的影响。本书通过将知识型企业的合作剩余分配看作各要素所有者讨价还价能力的动态博弈，从讨价还价博弈角度讨论信息差异、风险规避程度、耐心因素、资产专用性和市场稀缺程度等对知识型企业合作剩余分配讨价还价博弈中讨价还价能力的影响，分析了不同情形下讨价还价博弈的博弈过程和均衡结果，进一步拓宽了讨价还价模型的理论应用范围，有助于深入理解知识型企业合作剩余分配博弈的影响因素和作用过程。

和前面先贤们在博弈论研究上的丰功伟绩相比，本书研究的贡献可以说是微不足道，曾经犹豫多年是否拿来出版，然而终究有很多事情不能置身世俗之外。在此，感谢河南师范大学学术专著出版基金资助，使得拙著能够出版，也希望能为该领域研究者提供一些参考。

目 录

第1章 绪论
1.1 问题的提出和研究的意义 ……………………………… 003
1.1.1 知识经济和知识型企业 ……………………………… 003
1.1.2 知识型企业及其合作剩余分配 ……………………… 007
1.1.3 知识型企业合作剩余分配的讨价还价博弈分析 …… 008
1.2 研究的主要方法和主要内容 …………………………… 010
1.2.1 研究的主要方法和脉络 ……………………………… 010
1.2.2 研究的主要内容和框架设计 ………………………… 010

第2章 讨价还价博弈研究评述
2.1 博弈论概述 ……………………………………………… 015
2.1.1 博弈论的发展历史 …………………………………… 015
2.1.2 博弈论的基本概念 …………………………………… 019
2.1.3 博弈的分类和均衡 …………………………………… 021
2.1.4 博弈论的研究方法 …………………………………… 023
2.2 古典讨价还价理论及其局限性 ………………………… 024
2.2.1 讨价还价概述 ………………………………………… 024
2.2.2 早期古典讨价还价理论的研究及其发展 …………… 024
2.2.3 纳什公理型讨价还价模型及其发展 ………………… 028
2.2.4 鲁宾斯坦战略型讨价还价博弈及其发展 …………… 033

2.2.5 国外其他人的贡献 ·· 040
2.2.6 国内讨价还价博弈研究现状 ································· 040

第3章 知识型企业合作剩余分配讨价还价能力影响因素分析

3.1 讨价还价能力与讨价还价技巧 ······································ 045
3.2 人力资本谈判力与收益分配格局 ··································· 047
3.3 知识型企业中讨价还价能力的影响因素 ························ 048
   3.3.1 要素所有者的信息结构 ·· 048
   3.3.2 要素资产的专用性 ··· 049
   3.3.3 风险态度差异 ··· 050
   3.3.4 耐心程度 ·· 051
   3.3.5 市场要素相对稀缺程度 ·· 052
3.4 行业的性质对人力资本谈判力的影响 ··························· 053
   3.4.1 劳动密集型行业与人力资本谈判力 ······················· 053
   3.4.2 资本密集型行业与人力资本谈判力 ······················· 054
   3.4.3 技术密集型行业与人力资本谈判力 ······················· 054
3.5 企业类型对人力资本谈判力的影响 ······························· 055
   3.5.1 古典企业与人力资本谈判力 ································· 055
   3.5.2 公司制企业与人力资本谈判力 ····························· 055
   3.5.3 知识型企业与人力资本谈判力 ····························· 056
3.6 企业不同发展阶段对人力资本谈判力的影响 ················· 057
   3.6.1 初创阶段 ·· 057
   3.6.2 成长阶段 ·· 058
   3.6.3 成熟阶段 ·· 058
   3.6.4 衰落阶段 ·· 058
3.7 人力资本谈判力的动态性和层次性 ······························· 058

第4章 非对称信息和资产专用性条件下知识型企业人力资本讨价还价能力博弈分析

4.1 非对称信息条件下知识型企业人力资本讨价还价能力博弈分析……063
4.1.1 非对称信息与讨价还价…………………………………063
4.1.2 讨价还价过程中信息的公开…………………………064
4.1.3 知识型企业中的信息不对称…………………………066
4.1.4 信息不对称条件下讨价还价博弈模型的构建…………067
4.1.5 结论与建议…………………………………………073

4.2 资产专用性与知识型企业人力资本谈判力博弈分析…………075
4.2.1 资产专用性概念的提出………………………………075
4.2.2 人力资本专用性与谈判力……………………………077
4.2.3 知识型企业人力资本专用性的影响因素……………079
4.2.4 人力资本专用性条件下讨价还价博弈模型的构建……081
4.2.5 结论与建议…………………………………………087

第5章 风险态度差异、耐心因素和市场稀缺程度影响下知识型企业人力资本讨价还价能力博弈分析

5.1 风险态度差异影响下知识型企业人力资本讨价还价能力博弈分析……………………………………091
5.1.1 风险态度概述…………………………………………091
5.1.2 知识型企业中博弈双方的风险类型…………………092
5.1.3 风险态度差异与合作剩余分配理论研究综述…………093
5.1.4 风险态度差异与讨价还价博弈模型的构建……………095
5.1.5 结论………………………………………………102

5.2 耐心因素与讨价还价能力博弈分析…………………………102
5.2.1 耐心与贴现因子………………………………………102
5.2.2 耐心的影响因素与度量………………………………104
5.2.3 知识型企业中的耐心因素……………………………105

5.2.4　考虑耐心因素的人力资本讨价还价能力博弈分析……… 106
　　5.2.5　讨价还价模型的进一步扩展……………………………… 110
　　5.2.6　结论………………………………………………………… 115
5.3　市场稀缺程度影响下知识型企业人力资本讨价还价能力博弈
　　　分析 …………………………………………………………………… 116
　　5.3.1　知识型企业人力资本和物质资本市场稀缺程度分析……… 116
　　5.3.2　相关理论研究回顾…………………………………………… 119
　　5.3.3　考虑市场稀缺条件的讨价还价博弈分析…………………… 120
　　5.3.4　结论…………………………………………………………… 126

第6章　知识型企业合作剩余分配的合作博弈分析

6.1　知识型企业内人力资本的多样性和贡献 …………………………… 129
　　6.1.1　知识型企业内人力资本的多样性…………………………… 129
　　6.1.2　知识型企业多样化人力资本的贡献性……………………… 130
6.2　知识型企业合作剩余谈判的合作博弈分析 ………………………… 133
　　6.2.1　联盟函数……………………………………………………… 134
　　6.2.2　合作博弈的分配……………………………………………… 135
6.3　合作博弈模型的基本解法 …………………………………………… 135
6.4　合作博弈的优超法求解 ……………………………………………… 136
　　6.4.1　优超…………………………………………………………… 136
　　6.4.2　异议…………………………………………………………… 137
　　6.4.3　合作博弈求解………………………………………………… 139
6.5　合作博弈模型的赋值法求解 ………………………………………… 141
　　6.5.1　Shapley 值法的概念 ………………………………………… 142
　　6.5.2　Shapley 值法的优点和缺点 ………………………………… 143
　　6.5.3　知识型企业合作剩余分配的修正 Shapley 值解法 ………… 144
　　6.5.4　基础分配利益的计算………………………………………… 145
　　6.5.5　Shapley 值法的修正 ………………………………………… 146

  6.6 结语 ·· 149

第7章 结论与展望

  7.1 主要创新点 ·· 153

  7.2 未来研究方向 ·· 154

参考文献 ·· 155

索引 ··· 165

后记 ··· 169

第 1 章
CHAPTER 1

绪 论

1.1 问题的提出和研究的意义

1.1.1 知识经济和知识型企业

近年来，随着计算机技术、微电子、生物工程、新能源和网络经济的兴起，知识经济越来越受到人们的关注。知识经济与传统意义上以自然资源的开发和利用为基础的农业经济和工业经济截然不同，其核心建立在知识的生产和使用基础之上。作为一种新的经济形态，知识经济以高科技作为载体，从事知识和财富的创造。知识经济从根本上改变了人们对知识和智力的传统认识，使之成为推动经济增长的核心要素。在知识经济时代，作为知识载体的人力资本对经济增长的贡献要比传统的自然资源重要得多。相关研究表明，以信息科学为首的高新技术的发展使美国经济从工业化时代向知识经济时代加速迈进，创造了美国经济连续 12 年持续增长的奇迹。1995—2007 年，美国经济增长的 35% 可以归功于高科技行业的发展，其中，信息行业的人均劳动附加值近 20 年来以每年 10.4% 的速度增长，远远高于其他行业。[①] 与传统企业相比，知识型企业的显著特征首先体现在其管理核心在知识管理上，而不是土地、资本和劳动力等要素上。以当今世界知识经济最为发达的美国为例，美国近年来经济增长的主要动力就是信息技术领域的几百家公司，这些主要依赖电脑和员工的公司创造出的价值不亚于传统工业领域那些拥有庞大厂房机器设备的大公司。以微软和甲骨文等软件公司为例，它们的主要产品可能仅仅是几张光盘中的程序和数据，但是这些知识的应用却可以使整个世界发生巨大的变革。在现代社会生产中，知识经济将成为 21 世纪的主导经济形态。

2011 年，国际著名知识经济研究机构 Teleos 评选出 2010 年亚洲最佳

---

① 资料来源：世界银行研究报告 2010. www.worldbank.org.

知识型企业(Most Admired Knowledge Enterprise)16家(见表1-1)。其中，Samsung SDS(三星数据系统)获得该奖的总冠军，印度有5家企业荣登该榜，韩国有4家企业、澳大利亚和日本各有2家企业入围，中国香港特别行政区、印度尼西亚和新加坡各有1家企业获奖，而中国大陆则没有1家当选。该奖的评选主要基于MAKE框架内的8个企业知识性能指标(Knowledge Performance Dimensions)，分别是营造知识驱动的企业文化、高级管理层领导的知识工作者培养、企业创新、企业知识资本最大化、营造协作性的企业知识共享环境、营造学习型组织结构、基于客户或其他利益相关者的知识创造及交付价值和将企业知识转化为股东价值或利益相关者价值。这些指标在一定程度上具有代表性，能够说明获奖者在打造知识型企业道路上的创新和实践。遗憾的是，自该奖项设立以来，中国大陆一直没有企业入围，这也充分说明了中国在知识经济领域与世界其他国家和地区的差距。

表1-1 2010年亚洲最佳知识型企业名单(按字母顺序)

1	日本	Honda Motor(本田汽车)
2	中国香港	Hong Kong Police Force(香港警务署)①
3	印度	Infosys Technologies(印孚瑟斯信息技术)
4	韩国	Korea Water Resources Corporation(韩国水资源公司)
5	澳大利亚	Land Management Authority(澳大利亚土地管理局)
6	印度	MindTree Ltd.(MindTree技术)
7	韩国	POSCO(浦项制铁)
8	韩国	Samsung SDS(三星数据系统)
9	新加坡	Singapore Airlines(新加坡航空)
10	韩国	SK Energy(SK能源)
11	印度	Tata Consultancy Services(塔塔信息技术)
12	印度	Tata Steel(塔塔钢铁)
13	日本	Toyota Motor Corporation(丰田汽车)
14	印度尼西亚	Unilever Indonesia(印尼联合利华)
15	印度	Wipro Technologies(Wipro技术)
16	澳大利亚	Woods Bagot(Woods Bagot建筑设计)

---

① Teleos的评选范围不局限于营利性企业，还包括能够运用创新性知识增加公共和非营利群体利益相关者价值的组织，以及提供公共服务的政府机构。

在知识经济时代，知识型企业的价值来源已由以往传统的土地、资金和原料等有形资产，转变为以知识资本为主体的无形资产，知识资本的储存、累积与流通将成为知识型产业发展的基础。知识、技术和信息等早在物质经济时代就已经作为独立的要素主体参与市场交易，但一直未在整个交易中占据主导地位。在知识经济时代，以知识为核心的要素逐渐取代物质资源，成为整个经济中最为稀缺的资源，经济中的生产、分配和交换等也主要围绕知识而展开。

在2014年9月的夏季达沃斯论坛上，李克强总理针对中国知识创新领域与世界发达国家相比较为落后、创新氛围不太浓厚的现状，提出要在960万平方公里土地上掀起"大众创业""草根创业"的新浪潮，形成"万众创新""人人创新"的新态势。此后，他在首届世界互联网大会、国务院常务会议和各种场合频频阐释这一关键词。每到一地考察，他都会与当地的年轻"创客"会面，希望能激发民族的创业精神和知识创新基因。在政府的鼓励和引领下，以互联网金融为代表的中国知识创新产业得到迅猛发展。据CNNIC第35次《中国互联网发展状况统计报告》，截至2014年底，中国网民人数已达6.49亿，手机用户12亿，微博、微信用户5亿，每天信息发送量超过200亿条。全球互联网公司十强中，中国占了4家（阿里巴巴、腾讯、百度、京东），已成为名副其实的互联网大国。

公司	市值
Google	390.5
Facebook	193.9
Alibaba(China)*	165.0
Amazon.com	149.6
Tencent(China)	147.6
Baidu(China)	73.9
eBay	63.3
The Priceline Group	60.5
Yahoo!	42.3
JD.com(China)	39.5

图1-1 2014年全球10家市值最大的互联网公司（单位：万美元）

传统的经济理论认为，劳动力是自然人具有的一种天赋，彼此之间质量差异不大，而在知识经济中，劳动力可以通过教育、培训和"干中学"等后天教育方式,即有意识的主动投资方式,来形成人力资本。① 人力资本在一定程度上是对自然人进行投资的产物,因而它要求对企业合作剩余进行分享也就成为一种必然。知识型企业中的人力资本与传统企业所拥有的人力资本有较大差异,主要具有以下特性:

(1) 超边际性。知识型企业中的人力资本所拥有的知识往往具有超边际的特性,可以获得远超过边际成本的边际收益,并呈现边际收益递增的趋势。这种特性可以帮助企业实现高利润率、快速扩张和某种程度上的垄断,对企业成长起到关键作用,对企业合作剩余的形成有着重大贡献,因而在企业合作剩余分配时需要对此有所体现,维护人力资本的利益。②

(2) 难以监督性。知识型企业中人力资本所从事的工作基本上都具有某种程度上的创造性,这种工作高度依赖自身的知识禀赋和灵感,工作过程通常也没有明显的步骤,这使得对人力资本工作的监督在一定程度上不仅困难而且几乎不可能。此外,知识型企业的创新活动往往由一个工作团队来共同实现,很难具体区分各个员工在其中的贡献大小。所有这些都决定了对知识型企业人力资本的外部监督基本上是无意义和难以实现的,因而在实践中,只能给予其充分的自主权,鼓励实行团队内的自我监督。③

(3) 专用性。在知识型企业中,几乎每个员工都具有一定程度的专用性,并且这种专用性往往和创新能力成正比。对知识型企业而言,一旦具有专用性人力资本的员工离职,再去寻觅具有同样专用性的新员工并不是一件容易的事情,因而迫切希望采取一种激励措施将双方的关系长期固定下来。具有专用性人力资本的员工,其专用性在本企业之外的价值会迅速降低,甚至为零。实际上,这种专用性导致人力资本很难退出,同时也加大了自身的风险程度,因而人力资本希望以参与企业合作剩余分配的方式在一定程度上降低自己的风险。④ 因为双方均存在规避风险的动机,这就需要企业中人力资本所有者与物质资本所有者共同分享企业剩余收益,以促进双方的长期合作。

---

① 王新华,虞洁. 特殊人力资本参与企业剩余分配模型及其应用[J]. 财经理论与实践,2003(3): 100 - 102.
② 冯子标,焦斌龙. 人力资本参与企业收益分配的条件探讨[J]. 生产力研究,2004(7): 5 - 10.
③ 佟爱琴. 知识型企业人力资本介入治理及其制度创新研究[D]. 同济大学,2008.
④ 曹曙林. 知识型企业人力资本所有者分享剩余收益研究[D]. 中南大学,2006.

1.1.2 知识型企业及其合作剩余分配

一直以来,学者们对知识型企业都有着不同的说法,如知识密集型企业、高科技企业和智力型企业等。这些说法都具有一定的合理性,是从不同角度对知识型企业的理解。从产品特点的角度出发,知识型企业可以看作一个生产知识产品的企业。从组织形态来看,知识型企业是一种知识联网的组织,通过组织内知识之间的对话、合作和交流,实现组织知识的交流。从内部构成来看,知识型企业是拥有高比例技术员工和研发费用的创新型企业。[1] 总之,总结前人对知识型企业性质的研究,我们可以归纳出知识型企业的以下特征[2]:

(1)知识型企业以知识管理作为管理的核心,注重知识创新,研发和创新能力是企业竞争力的核心。

(2)科技研发型人才在员工构成中占据很大比例,产品的科技含量较高,大多属于创新型产品。

(3)知识型企业产品研发创新的不确定性较大,同时产品的预期利润也较高,企业本身具有高收益、高成长和高风险的特点。

对知识型企业而言,其重要的资本将不再是传统的物质资本,而是知识资本,知识资本是企业在激烈竞争中战胜对手的法宝。近年来,随着计算机技术、微电子、生物工程、新能源和网络经济的兴起,知识型企业越来越受到人们的关注。以中国为例,随着百度、腾讯和阿里巴巴在NASDAQ的上市,这些企业创造了大量的千万甚至亿万富翁。这些高科技企业通过上市,向人们充分证实了在知识型企业中知识资本的价值。在知识型企业中,知识资本的巨大影响力使其成为一种足以和物质资本抗衡的力量,进而深刻地影响企业的合作剩余分配方式。

在传统企业中,非人力资本拥有绝对优势的产权,人力资本一旦离开物质资本就会贬值,因而非人力资本所有者拥有物质资本自然就控制了人力资本。而在知识型企业中,由于知识资本具有承担风险的能力,随着时代的发展和科学技术在经济中地位的日益提高,知识资本的这种风险承担

---

[1] 苏晓华. 企业治理之租金视角研究——一个理论框架及其在高科技企业中的应用[J]. 中国工业经济, 2004(7): 84-90.

[2] 丁平. 知识型企业人力资本参与企业收益分配研究[D]. 安徽农业大学, 2008.

能力和物质资本相比在不断上升，从而在根本上增强了人力资本产权主体在合作剩余分配中的谈判能力，人力资本逐渐成为一种可以与物质资本抗衡的力量。①

从现代企业理论的视角来看，企业合约与其他契约最显著的区别在于，可以把它理解成一个人力资本与非人力资本共同签订用来创造合作剩余的合约，合约中包含着对人力资本权利的尊重。当然，知识型企业也是市场里的企业，同样可以将其看作一个人力资本与非人力资本共同订立的合约。在这个合约中，按照人力资本在企业中的作用，可以将其划分为管理型人力资本、科研型人力资本、技术型人力资本和通用型人力资本等类型。本书采用二分法的思路，认为企业是人力资本和物质资本共同合作的产物，在大多数情况下将人力资本看作一个整体，和物质资本共同创造企业合作剩余。对人力资本所有者而言，要想和物质资本共同分享企业合作剩余收益，就需要在特定的外部环境、制度框架和企业组织形态范围内，通过与物质资本所有者进行博弈，最终确定自己在企业合作剩余中的分配份额。②

1.1.3 知识型企业合作剩余分配的讨价还价博弈分析

从企业合作剩余索取权发展的历史来看，人力资本参与分配模式作为企业合作剩余索取权模式演变的理论成果，代表了学术界的一种呼声，也是现实中人力资本价值增大在理论上的一种反映。从萨伊提出资本家才能应分享利息，到马克思认为劳动者应占有剩余价值，再到马歇尔、熊彼特强调企业家人力资本应获得利润，最后到人力资本同物质资本共享企业合作剩余的提出，我们可以看到，人力资本参与企业合作剩余分配的过程是人力资本与物质资本博弈的过程，收益形式的选择是博弈的直接产物。③ 在知识型企业中，知识资本的巨大影响力使其成为一种足以和物质资本抗衡的力量，进而深刻地影响着企业的合作剩余分配方式；由于知识资本和物质资本通过彼此间的合作产生剩余并通过相互博弈产生有效的合作剩余分配制度以维护企业各主体的利益，因

---

① 程承坪. 企业所有权谈判力的影响因素分析[J]. 当代经济管理，2006(5)：17－22.
② 陈宗胜，杨晓康. 市场里的企业：一个非合作讨价还重复博弈[J]. 管理世界，1997(6)：116－125.
③ 高伟凯. 企业所有权理论的历史演进. 山西财经大学学报，2007(11)：17－26.

此其合作剩余分配可以看作知识资本和物质资本讨价还价博弈的均衡结果。企业的本质作为理解企业合作剩余分配的钥匙，从根本上影响企业的合作剩余分配方式。从二分法的角度来说，知识型企业是人力资本所有者与非人力资本所有者组成的合约。企业所面临的技术条件、制度和文化背景、市场环境等的不同，各资源及其所有者特点的差异，都会影响企业合作剩余分配博弈的结果。[①]

讨价还价博弈理论是博弈论中的重要内容，在经济学研究的诸多场合皆有应用，而许多现实的交易和协调问题也可通过讨价还价博弈理论来模拟。作为博弈论的一个分支，讨价还价博弈理论是随着博弈论的不断完善而发展起来的。讨价还价（Bargaining）也称议价或谈判，主要是指参与人（也称局中人）双方通过协商方式解决利益的分配问题。一般而言，在强调其动作或过程时称之为讨价还价，在强调其状态或结果时称之为谈判，本书对此不加区分。Nash（1950）最早利用公理化方法证明两人讨价还价博弈的讨价还价解。Schelling（1956）在《美国经济评论》发表《讨价还价漫话》（An essay on bargaining）一文，探讨了讨价还价博弈在经济领域的应用。Rubinstein（1982）用完全信息动态博弈的方法，对基本的无限期完全信息讨价还价过程进行了模拟，并据此建立了完全信息轮流出价讨价还价模型，开创了战略型讨价还价博弈的研究。按照所使用的理论方法的不同，讨价还价博弈理论可以分为两大类——合作博弈的讨价还价博弈理论和非合作博弈的讨价还价博弈理论。目前，理论上已经证实这两种方法在一定条件下是完全等价的。经过几十年的研究和完善，讨价还价博弈理论已经基本成熟，并成为各种谈判行为和市场竞争理论研究的有力工具。

在知识型企业合作剩余分配的研究中，基于讨价还价博弈的系统研究目前国内尚不多见。对知识型企业而言，企业的合作剩余分配是各种要素所有者讨价还价博弈的结果，并非一次博弈而定终身，而是一个不断调整的动态博弈过程，当内外部影响因素发生变化时，企业的合作剩余分配也会随之变化，因此，企业合作剩余分配是各要素所有者讨价还价能力的动态纳什均衡。一般而言，影响要素所有者讨价还价能力的主要因素有信息差异、风险规避程度、耐心因素、资产专用性和市场稀缺程度等，而从讨价还价博弈角度分析以上诸多因素对讨价还价能力的影响，进而对企业合作剩余分配的影

---

① 赵德海，衣龙新. 基于"综合谈判力"的企业合作剩余分配[J]. 中国工业经济，2004(11)：54-59.

响，对于深入理解企业合作剩余分配的本质具有极其重要的意义，但此方面的研究目前尚不多见。

1.2 研究的主要方法和主要内容

1.2.1 研究的主要方法和脉络

本书在讨价还价博弈和合作博弈的研究框架下，采用规范研究和实证研究相结合的方法，依据知识型企业合作剩余分配的谈判过程和讨价还价博弈理论，全面考虑了知识型企业合作剩余分配谈判过程的主要特点，从讨价还价博弈的视角进行分析和研究。在研究中，笔者对知识资本和物质资本在合作剩余分配上的影响因素，特别是在双方存在信息不完全、资产专用性差异、风险偏好差异、市场稀缺程度差异和耐心差异等状态下，分别建立讨价还价博弈模型加以刻画，并分析以上因素对知识型企业合作剩余分配讨价还价博弈中讨价还价能力的影响，进一步拓宽了讨价还价模型的理论应用范围，有助于深入理解知识型企业合作剩余分配博弈的影响因素和作用过程。

本书的研究脉络可以用图1-2来表示。

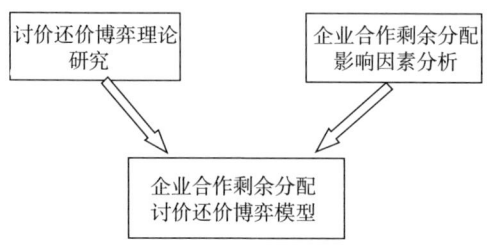

图1-2 本书的研究脉络

1.2.2 研究的主要内容和框架设计

本书内容共分为以下7章：

第1章，绪论。本章主要介绍了研究的意义、主要内容和研究方法、创新之处和具体的研究框架。

第2章，讨价还价博弈研究评述。作为本书研究方法的评述部分，本章主要介绍了讨价还价博弈理论发展的历史脉络和国内外研究现状，内容包括早期古典讨价还价理论及其局限性、纳什公理型讨价还价模型及其发展、鲁宾斯坦战略型讨价还价博弈模型和国内外其他研究者的贡献等。

第3章，知识型企业合作剩余分配讨价还价能力影响因素分析。本章探讨了讨价还价能力与讨价还价技巧的联系与区别，指出知识型企业中讨价还价能力的影响因素，即要素所有者的信息结构、要素的专用性、风险态度差异、耐心程度和要素相对稀缺程度等。此外，本章还从行业内部构成的视角分析了劳动密集型行业、资本密集型行业和技术密集型行业等常见行业的性质对人力资本谈判力的影响；从企业类型的角度探讨了古典企业、公司制企业和知识型企业中人力资本谈判力的差异；从企业的生命周期出发，分析了企业生命周期不同阶段对人力资本谈判力的影响。

第4章，非对称信息和资产专用性条件下知识型企业人力资本讨价还价能力博弈分析。本章可以分为相对独立的两大部分：非对称信息条件下知识型企业人力资本讨价还价能力博弈分析和资产专用性条件下知识型企业人力资本讨价还价能力博弈分析。在第一部分，首先利用讨价还价博弈模型分析了非对称信息条件下知识型企业人力资本的讨价还价能力。通过假设人力资本和物质资本在讨价还价博弈过程中具有学习能力，从不完全信息的角度分析人力资本和物质资本之间的讨价还价博弈，运用鲁宾斯坦的轮流出价讨价还价模型的思想，构建人力资本和物质资本关于合作剩余分配的不完全信息轮流出价的讨价还价博弈模型，求解模型并对所得结果进行了分析。在第二部分，利用讨价还价博弈模型分析了资产专用性条件下知识型企业人力资本的讨价还价能力。将人力资本分为一般性资本和专用性资本，建立博弈模型对人力资本和物质资本合作剩余分配份额与专用性投资的成本和谈判力展开讨论。

第5章，风险态度差异、耐心因素和市场稀缺程度影响下知识型企业人力资本讨价还价能力博弈分析。本章可以分为相对独立的三大部分：风险态度差异条件下知识型企业人力资本讨价还价能力博弈分析、考虑耐心因素条件下知识型企业人力资本讨价还价能力博弈分析和市场稀缺程度影响下知识型企业人力资本讨价还价能力博弈分析。首先，构建模型分析了风险态度差异对讨价还价能力的影响。其次，在鲁宾斯坦模型的基础上，对耐心因素对各自谈判收益额的影响进行了分析，并在原有的鲁宾斯坦模型的基础上进行扩展，分析了在契约不完备的知识型企业合作剩余分配中，可以把整个讨价还价"分蛋糕"博弈过程看作一个由若干短期合约构成的长期企业合约，而之前的鲁宾斯坦模型是将这个过程看作构成长期合约的一个短期合约的情景，对比博弈均衡的结果。最后，讨论了市场稀缺程度影响下知识型企业人力资本讨价还价能力博弈分析，并给出了政策建议。

第6章，知识型企业合作剩余分配的合作博弈分析。这部分将两人博弈推广到多人博弈，从合作博弈的角度对知识型企业合作剩余分配进行研究；比较了合作博弈的优超法和赋值法，并以 Shapley 值法为基础，对创新能力、风险承担和合作程度等因素进行修正，通过假设一个理想合作伙伴作为参照物，计算了知识型企业内各个主体的合作剩余分配额。

第7章，结论与展望。本章介绍了本书的主要创新点，并指出未来研究方向。

本书的框架结构如图 1-3 所示。

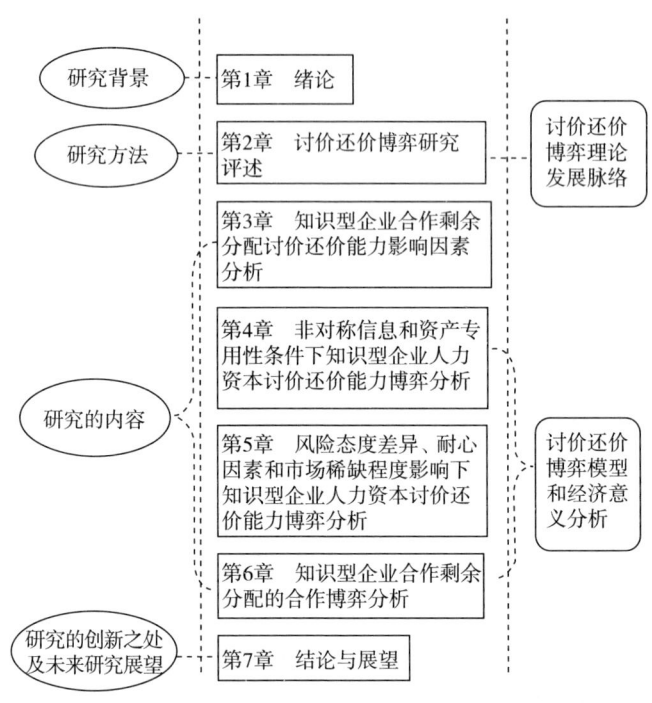

图 1-3　本书的框架结构

第 2 章
CHAPTER 2

讨价还价博弈研究评述

2.1 博弈论概述

2.1.1 博弈论的发展历史

博弈论(Game Theory)在数学上称为对策论，我国台湾地区称之为赛局理论，在理论上，可以将其归结为应用数学的一个分支，目前在经济学、国际关系、政治学、计算机科学、军事战略甚至生物学中都有广泛的应用。和其他以数学作为工具研究社会经济现象的学科类似，博弈论先从复杂的现象中抽象出基本要素建立数学模型，然后引入其他对模型结果产生影响的变量，最终实现对社会经济现象的定性分析。按照不同的抽象水平，目前主要的博弈描述方式有标准型、扩展型和特征函数型三大类。从理论上讲，博弈论是在给定的条件下寻求最优策略，这里给定的条件包含其他人的策略，以及本人的决策对其他决策主体的影响。由于博弈论研究理性的行动者在具有斗争或竞争性质时的相互作用，而这种现象在社会科学中极为普遍，因此，它甚至被称为"社会科学的数学"，在应用经济学、政治学和社会学等社会科学的各个领域得到了广泛的应用。

博弈论的思想起源于各种游戏活动，"博弈"一词的英文单词是 Game，意为对策、游戏。几千年前，人们在日常生活中的各种娱乐活动如下棋、打牌等游戏中，开始思考怎样才能获胜这个问题，博弈的思想由此产生。从现代博弈论的角度来看，这可以归结为参与人在既定信息条件下寻求最佳行动和最优策略的问题。中国古代的《孙子兵法》《孙膑兵法》《三十六计》和《六韬》等书中就记载着许多博弈案例，"田忌与齐王赛马"就是博弈实例之一。西方同时期的著作如《摩诃婆罗多》《梨俱吠陀》和《圣经》也对骰子游戏的玩法进行了探讨，这些都反映了古代的劳动人民很早就对博弈问题产生了认知，只是这些朴素的想法没有形成一套完整的理论体系和方法。

真正近代博弈论的发展可以追溯到18世纪的西欧。1713年，詹姆斯·瓦尔德格雷夫(James Waldegrave)在给朋友蒙特茅特(Montmort)关于两人扑克牌玩法的信中，提出两人博弈的最小最大混合策略解的概念，对是否存在一种策略可以使得局中人在无论对手采取什么样的策略时，自己都能获得最大的赢得概率问题做出了解释，后世博弈论的一些基础概念(如扩展形式、纯策略和效用函数等)都是在此基础上发展起来的。这一时期，在思想体系和方法论体系上，博弈论还远未成熟，人们主要对严格的竞争对策进行研究，即所谓的二人零和博弈。但这一阶段一些重要的基本概念和定理相继被人们提出，这些基本概念和定理为现代博弈论的发展奠定了基础。1838年，法国经济学家奥古斯汀古诺(Augustin Cournot)从产量决策和价格决策角度分析垄断的双寡头竞争策略时，为了得到在竞争之下各自的最优反映函数，就引入了均衡概念对寡头市场的情况进行研究，同时还使用了解的概念，该概念从理论上看就是对后来的纳什均衡的一种不太严格的说法。1881年，英国经济学家埃奇沃斯(Edgeworth)出版了著作《数学物理：关于道德科学的数学方法应用》。在书中，他提出了"契约曲线"，并将其作为个人贸易结果的解法，即在一个只存在两家公司和两种类型消费者的世界中，如果每种消费者的数量都是无穷多，那么"契约曲线"便会收缩到均衡集合。1913年，泽梅罗定理(Zermelo Theorm)明确断言国际象棋游戏规则是严格确定的，也就是说，在纯粹的策略意义下，国际象棋只能有一条个人理性支付曲线。同一时期，法国数学家波莱尔(Borel)最早用数学语言刻画了博弈问题，提出了"策略"和"混和策略"概念，用最佳策略和概念研究了下棋和其他许多具体的决策问题，并试图把它们作为应用数学的分支加以系统研究。这些都是关于博弈问题的早期的零星研究。

早期的博弈论研究对象主要是二人零和博弈，这类博弈中双方的利益是完全对立的，一方所得即为一方等量所失，不存在所谓的合作行为。1928年，冯·诺伊曼(Von Neumann)发表《客厅游戏中的理论》一文，所提出的最小最大定理为二人零和博弈提供了解法，这被认为是现代博弈论的基础，博弈论中的许多基本概念都与该定理有着密切的联系，如非合作博弈中的基本概念——纳什均衡就是最小最大定理的延伸与推广。在此期间，讨价还价博弈也开始被研究者提出。1930年，F. 泽尤森(F. Zeuthen)

在《垄断问题与经济竞争》一书中提出了关于讨价还价问题的解,该解后来被海萨尼证明与纳什的公理化讨价还价解在一定程度上等价。1944年,美国数学家冯·诺伊曼和奥斯卡·摩根斯坦(Oskar Morgenstern)合著的《博弈论与经济行为》的出版,标志着系统的博弈理论的初步形成。该书主要概括了经济主体的典型特征,提出了策略型、标准型和扩展型等基本博弈模型,定义并证明了极小化极大解,说明了解在所有二人零和博弈中的存在性,并给出了博弈论的一般框架、概念术语和表示方法,奠定了博弈论这门学科的理论和方法论基础。该书提出,经济行为者在决策时应考虑经济学上的利益冲突性质,将博弈论在经济学上加以空前广泛的应用,使经济学家们了解这一分析和研究经济问题的新工具。但冯·诺依曼的博弈论也存在若干局限性,如它主要对合作博弈进行研究,过于抽象和数学化等。

1950年至1951年,纳什发表了《N人博弈的均衡》和《非合作博弈》两篇关于非合作博弈的开创性论文,将博弈论扩展到了非零和博弈,提出并证明了在博弈论中广泛使用的"纳什均衡"概念,为后来各种均衡概念的提出奠定了基础。按海萨尼(1966)的观点,如果博弈中的协议、承诺和威胁等各方认可并执行,则该博弈就属于合作博弈,否则为非合作博弈。纳什的论文突破了"零和博弈"的框架,首次提出纳什均衡的概念并证明了均衡解的存在性,为非合作博弈和合作博弈的讨价还价理论奠定了坚实的基础,是博弈论发展的一个重要里程碑。

1950年,A. W. 塔克(A. W. Tucker)在斯坦福大学的一次讲座中提出了著名的"囚犯困境",并使其在社会学、政治学、经济学等学科获得了极为广泛的应用。1952年,J. C. 麦克金斯(John Charles Mckinsey)出版了第一本博弈论教科书《博弈论入门》。1953年,H. W. 库恩(H. W. Kuhn)在前人研究的基础上,对扩展型博弈进行了深入研究。1953年,L. 夏普利(Lloyd Shapley)也研究了联盟博弈的求解问题,提出了著名的夏普利值。在对重复博弈的研究中,后来广泛应用的"无名氏定理"也被研究者提出。1966年,奥曼(Aumann)对具有不完全信息的无限重复博弈问题进行了研究,在给美国武器控制和裁军机构的开创性报告中,提出了不完全信息的重复博弈模型。1967年,海萨尼(Harsanyi)在"*Management Science*"杂志上发表了其著名论文"由贝叶斯对弈者进行的不完全信息博弈",在非对称信息条件下用 Bayes 方法对博弈论模型进行分析,提出了不完全信息静态博弈的"贝叶斯—纳什均衡"和不完全信息动态博弈的严格"纳什均衡"概念,从理论上为不完全信息博弈论的研究奠定了理论基础。1965 年,泽尔腾(Selten)提出了具有子博弈完备均衡概念的精炼纳什均衡,此概念对精炼纳什均衡做出了极大的改进。D. M. 克里普斯(David M. Kreps)和 R. 威尔逊(Robert Wilson,1982)把以上子博弈完备均衡的思想扩展到扩展形式子博弈中,提出了"序贯均衡"(Sequential Equilibria)的概念。尼曼(A. Neyman,1985)和鲁宾斯坦(1986)对重复博弈中的有限理性作了系统阐述,并研究重复博弈情景下的囚犯困境问题。

20 世纪 60 年代初开始了博弈论在进化生物学应用方面的研究,形成了进化博弈理论(Evolutionary Game Theory)。进化博弈来源于对生态现象的研究,是从否定传统理论赖以成立的理性人假设出发而建立起来的新的分析框架。斯密斯(Smith)与普瑞斯(Price)合作提出进化博弈理论中最为关键的概念——演化稳定策略(Evolutionary Stable Strategy)。在进化博弈中,"进化稳定均衡"将不是一个终极状态,只是代表博弈过程中的某个阶段。进化博弈关注的是博弈的过程而非结果。由于进化博弈理论在处理理性参与人决策问题时忽略了参与人偏好、信念及理性假定等条件,仅仅假定参与人遵循的行为规则就可以对进化过程中的不同均衡点进行研究,非常适合对社会制度变迁的研究,因而在社会科学的相关领域得到了广泛的应用。

如今,经过许多专家的不断研究,现代博弈理论已发展成一门较完善的学科。博弈论和决策论(Decision Theory)、运筹学(Operations Research)等一起构成了现代企业经济、军事战略等系统管理学的理论基础,被广泛应用于经济学、政治学、军事学甚至生物学等各个领域。在生物学领域,博弈论被用于研究进化生物学中种群间和种群内的竞争。在政治、军事学领域,博弈论被用于分析选举策略、战争起因、立法议程安排等重大事宜。在经济学领域,博弈论更是已经融入整个学科的主流,经济学教材和杂志无不收入博弈论的内容,经济学家们已经把研究策略相互作用的博弈论当作最合适的分析工具,用于分析各类经济问题,如公共经济、国际贸易、自然资源经济、工业管理等。

就博弈论应用于经济学的直接效益而言，以1994年美国政府拍卖电磁波谱为例，这一多回合拍卖由一批博弈论专家本着最大化政府收益和各商家的利用率原则精心设计，取得了极大的成功，政府获得超过一百亿美元的收入，各频率的波谱也都找到了满意的归宿。与此相对应的是，新西兰一个类似却没有经过博弈理论设计的拍卖会惨遭失败，政府只获得预计收入的15%，而被拍卖的频率也未能物尽其用。正是因为博弈论对现代经济学具有如此重大的影响，1994年的诺贝尔经济学奖授予了纳什、海萨尼、泽尔腾三位研究博弈论的经济学家。1995年和1996年，诺贝尔经济学奖再次被分别授予了理性预期学派创始人卢卡斯(Robert Lucas)和研究拍卖理论和信息经济学的莫里斯(James Mirrlees)及维克里(William Vickrey)，以表彰博弈论对现代经济学的影响与贡献。

2.1.2 博弈论的基本概念

一般而言，博弈模型根据博弈类型不同有三种基本表达形式：标准式、扩展式和特征函数型。在这三种表达形式中，前两种在非合作博弈中较为常见，第三种则主要应用于对合作博弈的研究。

2.1.2.1 标准式表述

标准式表述在不同的博弈论教科书中表述不同，如战略式表述(strategic form)或矩阵式表述(matrix form)。作为最为常见的表述方式，标准式表述将博弈模型中双方的博弈情境抽象为三个基本要素：

(1) 所有博弈的参与者集 $N = \{1, 2, \cdots, n\}$；

(2) 每个博弈参与者可以采取的战略集 S_i，$\forall i \in N$；

(3) 每个博弈参与者在博弈中所得情况的支付函数集 R_i，$\forall i \in N$。

在确定了以上博弈的三个基本要素之后，一个博弈模型的标准式表述可以表示为 $G = <N, \{S_i\}, \{R_i\}> 0$。在应用方面，标准式表述主要用来表示静态博弈，也可称为战略博弈。

2.1.2.2 扩展式表述

和标准式表述相比，扩展式表述方式能够增加更多用来描述博弈局势的要素，如不同参与者在博弈中行动的先后顺序和外生事件发生的概率分布信息，因此可以对更复杂的博弈局势进行描述，在实际应用方面扩大了博弈理论所能描述的范围，从而可以对比复杂的动态博弈情形清楚地加以描述。通常情况下，博弈模型扩展式表述由以下六个基本要素构成：

（1）所有博弈的参与者集 $N = \{1, 2, \cdots, n\}$；

（2）博弈中不同参与者的行动顺序，即不同的参与者在何时行动；

（3）博弈中不同参与者的行动空间，即在每次行动时，不同参与者可以选择哪些行动策略；

（4）博弈中不同参与者的信息集，即在每次行动时，不同的参与者都了解哪些信息；

（5）博弈中不同参与者的支付函数，即在博弈达到均衡时，每个局中人能得到什么；

（6）外生事件（"自然"的选择）的概率分布。

2.1.2.3 特征函数型表述

特征函数型表述主要用来表述联盟博弈或合作博弈。令参与者集合为 N，则称 N 的任意子集 S 为联盟（coalition），所有联盟的全体记为 $\psi(N)$。

可转移支付联盟博弈包括两个要素：

（1）有限的参与者集 $N = \{1, 2, \cdots, n\}$；

（2）将 N 的每个非空子集 S（一联盟）与某个实数 $v(S)$ 相联系的一个特征函数 v。

因此，可转移支付联盟博弈可记为 (N, v)。其中，特征函数 v 是指定义在 $\psi(N)$ 上的一个实函数，$v(S)$ 表示联盟 S 通过协调其成员的策略所能保证得到的最大赢得。

不可转移支付联盟博弈包括四个要素：

（1）有限的参与者集 $N = \{1, 2, \cdots, n\}$；

（2）结果集 X；

（3）将 N 的每个非空子集 S（一联盟）赋一个集合 $V(S) \subseteq X$ 的特征函数 V；

（4）对每个参与者 $i \in N$ 有一个 X 上的支付函数 $R_i(X)$，$\forall i \in N$。

因此，不可转移支付联盟博弈可记为 $(N, V, X, \{R_i(X)\})$。

以上博弈的三种表述形式之差别，主要在于描述信息的多寡。扩展型表述形式包括的信息最多，如果去掉其中的参与者行动顺序和信息结构等信息，可以简化出标准型表述形式。在标准型表述形式的基础上，如果引入有约束力的义务且可强制执行的假设，省略掉战略集，则可进一步简化为特征函数型表述形式。三种表述形式的可转化性表明，非合作博弈与合作博弈之间是可转化的。

2.1.3 博弈的分类和均衡

博弈的分类标准有很多，但大部分分类标准主要从以下三个方面进行：

（1）按照博弈中参与人行动的先后顺序进行分类。按照这种分类方法，可以把博弈模型划分为静态博弈（static game）和动态博弈（dynamic game）两大类。静态博弈，是指博弈中的参与人同时采取行动或者尽管不是同时采取行动（即行动有先后顺序）但后行动者对先行动者采取了何种具体行动一无所知。动态博弈，是指博弈中的参与人的行动存在先后顺序，且后采取行动者能够通过观察知道先行动者的行动。

（2）按照博弈中参与人对其他参与人信息的了解程度进行分类。按照这种分类方法，可以把博弈模型划分为完全信息博弈和不完全信息博弈。如果在博弈过程中参与人各方对其他参与人的特征、策略空间和收益函数等信息都有准确的了解，就属于完全信息博弈；如果参与人各方对其他参与人的特征、策略空间及收益函数信息缺乏准确的了解，或者虽然了解部分参与人信息但不是对所有参与人的信息都有准确的了解，就属于不完全信息博弈。

（3）按照博弈中参与人之间是否存在合作行为进行分类。按照这种分类方法，可以将博弈模型划分为合作博弈和非合作博弈。如果参与人之间存在彼此之间的合作行为，并达成了某种程度上对各方具有约束力的协议，这时的博弈就属于合作博弈；如果不存在合作行为，就属于非合作博弈。通常日常生活中所指的博弈论，一般是非合作博弈。在理论上，合作博弈论要比非合作博弈论复杂得多。合作博弈强调团体理性，以效率和公平为衡量准则；非合作博弈则注重个体理性和个体的最优决策。

博弈均衡，是指博弈各方均对当前的结果满意，都不想改变自己策略的状态。在各种均衡概念中，最有影响力的首推纳什所提出的纳什均衡。所谓纳什均衡，是指博弈的理性结果是这样一种策略组合，其中每一个局中人均不能因单方面改变自己的策略而增加收益。纳什均衡是由古诺模型和伯特兰德模型中所提出的均衡概念引申而来的，并在此基础上发展出后来的子博弈精炼纳什均衡、贝叶斯—纳什均衡和精炼贝叶斯—纳什均衡等常见的均衡概念。纳什均衡的概念适用范围较窄，适合对静态非重复性博弈进行分析，而在进行动态或重复性博弈研究时，由于存在大量不符合实际的纳什均衡点，因而需要对纳什均衡这一概念加以修正，以找出合适的均衡点。1965 年，德国波恩大学的泽尔滕发表的《一个具有需求惯性的寡头博弈模型》一文中引入了子博弈精炼的概念，通过将纳什均衡中包含的不可置信的威胁策略剔除，有效地减少了纳什均衡点。1975 年，泽尔滕又进一步提出颤抖的手完美纳什均衡对子博弈精炼纳什均衡进行改进。其主要依据是博弈中局中人都存在犯错误的可能性，这也就是所谓的"颤抖的手"，要求均衡时战略组合必须满足在局中人犯错误时依然是每一个局中人的最优战略。在此基础上，1982 年克雷普斯（D. Kreps）与威尔逊（R. Wilson）提出比"颤抖的手"博弈更弱的序贯均衡，仅要求理性原则在极限点成立，而不对策略路径和信念路径做出要求。海萨尼则对不完全信息博弈的均衡问题进行了研究，通过引入虚拟的参与人进行海萨尼转换，把不完全信息博弈转换为完全但不完美信息博弈进行研究，并定义了纳什均衡在不完全信息博弈中的自然扩展——贝叶斯—纳什均衡。贝叶斯—纳什均衡是指这样的战略组合：在给定自己类型和别人类型的概率分布的情况下，每个参与人的期望效用达到了最大化，因而没有人积极地选择其他战略。而在此基础上的精炼贝叶斯—纳什均衡则是不完全信息动态博弈的均衡概念，它是指给定有关其他局中人类型的信念，局中人的策略在每一个信息集开始的后续博弈上构成贝叶斯—纳什均衡。也就是说，在所有可能的情况下，局中人要根据所观察到的其他局中人的行为，按照贝叶斯法则来修正自己有关后者类型的信念，进而选择并优化自己的行动。

博弈论中最为常见的非合作博弈按信息和参与人先后顺序划分，可以分为四种类型，与这四种博弈相对应的是四种均衡概念，它们之间的关系可以用表 2-1 来表示。

表 2-1　四种博弈与对应的均衡概念

	完全信息	不完全信息
静态	完全信息静态博弈 （纳什均衡）	不完全信息静态博弈 （贝叶斯—纳什均衡）
动态	完全信息动态博弈 （子博弈精炼纳什均衡）	不完全信息动态博弈 （精炼贝叶斯—纳什均衡）

各种均衡之间的关系可以用图 2-1 来表示，其中较大的圆圈代表大的集合概念，较小的圆圈代表小的集合概念。

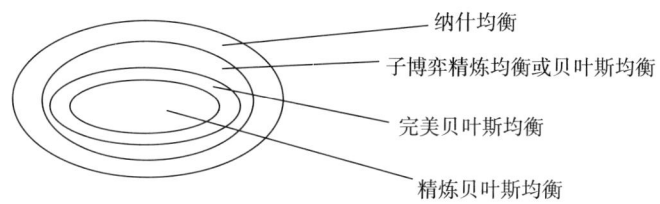

图 2-1　各种均衡之间的关系

2.1.4　博弈论的研究方法

区别于以往的经济学研究方法，博弈论从分析特定应用入手，提供了一种研究经济现象中利益冲突与合作的新视角，即通过将所研究的特定经济问题抽象成博弈模型的 6 个基本要素，构建相应的博弈模型，从博弈模型的角度加以分析解决。

一般而言，博弈论在经济学研究中的应用可以分为三步。

第一步：将待研究的经济问题抽象成博弈问题。经济问题大多反映的是现实中利益的冲突与制衡，通过将其抽象成博弈问题，可以忽略次要因素，突出主要问题，以便于展开分析。

第二步：通过博弈论的理论方法求出博弈模型的解。目前，关于博弈论的研究已经相当成熟，我们可以根据已有的研究成果，对所建立的博弈模型求解。值得注意的是，从博弈论角度求得的理论解往往不止一个，而是很多个，而其中一些很显然是不符合经济意义的，需要将其剔除。

第三步：将博弈模型的解用经济学加以描述，即诠释解的经济意义。这个步骤极为重要，我们建立博弈模型和求解的主要目的是对现实经济现象进行指导。如果发现解没有什么经济意义或者与现实明显冲突，就需要找出原因，甚至重新建立博弈模型。当然，这种情况最有可能发生在第一步，即在将待研究的经济问题抽象成博弈问题时出了差错，忽略了不该忽略的次要因素。这就需要重新考虑第一步，提出更为切合实际的博弈模型。

在具体博弈论方法的选择上，按照不同的抽象水平，目前主要的博弈描述方式有标准型、扩展型和特征函数型三大类型。我们可以根据自己建模的需要，选择适当的模型描述方式。

2.2 古典讨价还价理论及其局限性

2.2.1 讨价还价概述

讨价还价（Bargaining）又称议价或谈判，主要是指参与者双方以共同协商方式解决利益的分配问题。现实经济中，不乏"讨价还价"的情形，大到国与国之间的贸易协定，小到个体消费者与零售商的价格商定，还有厂商与工会之间的工资协议、房产商与买者之间关于房价的确定，等等。这些实际上是两个行为主体之间的博弈问题。我们也可以把讨价还价看作一个策略选择问题，即如何分配两个对弈者之间相互关联的收益问题。讨价还价作为市场经济中最常见、最普通的事情，也是博弈论中最经典的动态博弈问题。

2.2.2 早期古典讨价还价理论的研究及其发展

一般认为，早期古典讨价还价理论最早是由英国经济学家埃奇沃斯（Edgeworth，1881）提出的，并经 Marshall（1890）、Bowley（1928）和 Hicks（1932）等继承和发扬光大。

1881年，英国经济学家埃奇沃斯出版了《数学物理：关于道德科学的数学方法应用》一书。在书中，他提出了"契约曲线"，并将其作为个人贸易结果的解法，即在一个只存在两家公司和两种类型消费者的世界中，如果每种消费者的数量都是无穷多，那么"契约曲线"便会收缩到均衡集合。这个理论可以被视为博弈论的初步形成。

埃奇沃斯（1881）以其著名的埃奇沃斯方盒图作为分析工具，研究了双边垄断情况下讨价还价谈判结果的帕累托最优性质。在埃奇沃斯方盒图中，双方讨价还价的可行集由两个局中人经过双方各自产品初始分配点的无差异曲线围成，而讨价还价谈判最终结果的位置则具有以下性质：①在讨价还价解下，双方通过讨价还价交易的所得必须不低于双方不进行交易时的所得，否则双方就没有进行讨价还价谈判的必要了，这也就意味着双方的行为应该符合个人理性原则；②讨价还价解应该具有帕累托最优性质，双方的谈判进行至此宣告结束，这时任何一方都不能在损害对方利益的前提下使自己一方的所得有所增加，这使得集体理性的原则得到了贯彻。所以，最终解的位置就不可避免地落在可行集内由双方无差异曲线切点组成的契约曲线上。埃奇沃斯模型中的帕累托改进并不是因为存在超级智慧理解了阴影部分所代表的无效率，而是因为个人有动机向前推进各自的效用曲线。讨价还价的双方没有必要知道无效率空间的存在，他们只需要将自己的效用曲线推进到对方拒绝交易的时候为止。埃奇沃斯方盒图既是一个交易问题，也是一个谈判问题。在这个模型中，当阴影部分存在时，双方都有动机进行讨价还价，通过达成交易的方式达到帕累托改进。讨价还价不仅是一个帕累托改进过程，而且是个人追求自身利益最大化的过程，个人利益与社会利益在这里达到了完美的统一，如图2-2所示。

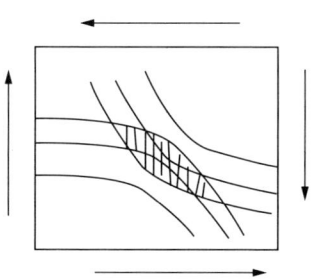

图2-2 埃奇沃斯方盒

Marshall(1890)、Bowley(1928)也从其他角度对此进行了研究。但是，这一时期讨价还价理论还相当不成熟，还处于研究的初级阶段，对实现均衡的机制还缺乏有力的解释。其中，希克斯(Hicks，1932)以工资谈判为例解释了讨价还价解是如何实现均衡的。雇主方面，要考虑产值和利润的损失；工会方面，要考虑对工人失业和工资中断的承受能力。雇主的让步曲线是逐步平稳地向上倾斜的，表明了他们将接受一个高的工资率，而不愿忍受长期停工所付出的损失。预期停工时间越长，雇主为制止停工需要付出的工资代价就越高。同样，工会的抵制曲线是向下倾斜的，表明工会倾向于接受一个低的工资率，而不愿承担长期停工所付出的代价。不过，工会的抵制曲线在谈判初期变化缓慢，这一阶段工会一般会长期坚持其最初的要求，一段时间以后，才会为了达成协议而迅速降低自己的要求。当工资谈判刚刚开始时，职工一方的期望值较高，要价往往高于企业可接受的水平。随着双方工资谈判的进行，职工和企业都会受到损失，职工一方的要价会逐步降低，最终当职工的要价降到企业可接受的工资水平时，双方结束谈判达成协议，此时的工资水平就是讨价还价的解。希克斯认为，工资谈判模型的讨价还价解取决于罢工对于双方的机会成本。这里已经具有了将谈判过程看作后来的鲁宾斯坦双方轮流出价讨价还价博弈过程的雏形。

1930年，丹麦经济学家泽森出版了著作《垄断问题与经济竞争》。在书中，他着重讲述了一个关于讨价还价问题的解法，且这个解被后来的海萨尼证明与纳什的讨价还价解是等价的，至此博弈论又上了一个新台阶。泽森深入研究了讨价还价谈判的具体过程，并且最早将模型的解建立在讨价还价过程的基础上。泽森模型的贡献是首次描述了讨价还价的动态过程，为后来鲁宾斯坦"分蛋糕"模型的建立奠定了基础。

泽森的模型是建立在以下假设条件之上的：①对称性，即双方所遵循行为规则是相同的。②完全信息，即每一方都可以对对方拒绝某一提议的概率做出正确的估计。③单调性。假设局中人1对局中人2的条件已经接受，如果所有其他的变量都保持不变，那么局中人1拒绝该条件并坚持要求更好的条件的概率是这两个条件下自身效用差额的单调非减函数。④期望效用最大化，即双方均是理性的，做出让步的条件为当且仅当每一方做出让步会比拒绝让步给自己一方带来更高的期望效用值。⑤有效性，即如果双方同时做出让步比不让步能够给双方带来更高的期望效用值，则双方会同意同时做出让步。

在泽森的研究中，他假定参与讨价还价的双方在一个时点上进行产品的分配，产品的总量标准化为1。当产品的分配方案与两者的利益不相容时，讨价还价的双方可以采取三种行动：①提出一个同样的分配方案；②接受另一方提出的一个分配方案；③提出一个对对方更为有利的分配方案。泽森假定进行让步的参与者（也就是提出对对方更为有利的分配方案的一方）是让步成本较小的一方。$x^i(x_1^i, x_2^i)(i=1, 2)$表示参与者$i$所提出的分配方案，其中$x_1^i$、$x_2^i$分别表示两个参与者在分配方案中的所得，并且有$x_1^i + x_2^i = 1$。另外，$d$表示在不能达成协议的情况下每个参与者的所得（这里泽森假定两个参与者的所得相等，均为d）。泽森用c_i表示参与者i做出让步的成本，则有

$$c_i = \frac{x_i^i - x_i^j}{x_i^i - d} = 1 - \frac{x_i^j - d}{x_i^i - d} \quad (i=1, 2; j=1, 2; i \neq j) \quad (2.1)$$

如果$c_i < c_j$，则有

$$1 - \frac{x_i^j - d}{x_i^i - d} < 1 - \frac{x_j^j - d}{x_j^i - d} \quad (2.2)$$

为了使这一不等式的符号方向反过来，参与者会做出让步。因为当有$c_i < c_j$时，可以推导出下式

$$(x_i^j - d)(x_j^j - d) > (x_i^i - d)(x_j^i - d) \quad (2.3)$$

所以，当参与者i所提出的方案中，$(x_i^i - d)(x_j^i - d)$这一乘积不如对方方案中$(x_i^j - d)(x_j^j - d)$大时，他就会做出让步，让步的原因可以被认为是为了让乘积$(x_i - d)(x_j - d)$更大。这一过程最终的结果就是，当达到均衡状态时，模型的解(x_1^*, x_2^*)应该是

$$(x_1^*, x_2^*) = \arg \max (x_1 - d)(x_2 - d) \text{①}$$
$$s.t. \ x_1^i + x_2^i = 1 \quad (2.4)$$

泽森模型的优点是描述了讨价还价的过程，但这一模型中对于让步行

---

① 式(2.4)就是后来广泛使用的纳什积的由来。

为的假说又是非常特殊的，模型的解完全依赖于模型中对于让步行为的定义，其中，关于让步成本的定义至关重要。泽森的讨价还价心理学模型所得到的结果与纳什讨价还价理论得到的结果是一样的，但是，泽森用让步过程描述了谈判的具体细节，模型中对让步行为的假说对模型来说是非常重要的和特殊的。泽森的讨价还价心理学模型只是强讨价还价理论的雏形，完整的强讨价还价理论则是由纳什（1950，1953）运用博弈论的思想提出来的，并逐渐发展成为合作博弈的讨价还价理论和非合作博弈的讨价还价理论。

2.2.3　纳什公理型讨价还价模型及其发展

真正现代意义上的讨价还价博弈理论是在第二次世界大战以后建立的，并且在研究中逐渐形成了合作博弈的讨价还价理论和非合作博弈的讨价还价理论两个分支，这两个理论分支分别使用了公理型的（axiomatic）和战略型的（strategic）两种方法，代表性人物分别为约翰·纳什（1950）和阿里尔·鲁宾斯坦（1982）。

2.2.3.1　纳什讨价还价模型

1950年，年仅22岁的数学博士约翰·纳什连续发表了两篇具有划时代意义的论文《N人对策的均衡点》和《讨价还价问题》。1951年，他又发表了论文《非合作博弈》。这为合作博弈理论和讨价还价理论奠定了坚实的基础，可以概括为两点：第一，纳什明确地区分了合作博弈与非合作博弈，并指出，在合作博弈中可以达成有约束力的协议，而在非合作博弈中，则不能达到；第二，对于两人以上的非合作博弈可能出现什么样的结果，纳什提出了分析方法，这一方法可以用"纳什均衡"来称谓。后来博弈论的许多讨论，都是建立在纳什均衡这一概念之上的。纳什在经济博弈论领域做出了划时代的贡献，是继冯·诺依曼之后最伟大的博弈论大师之一。纳什提出的"纳什均衡"的概念在非合作博弈理论中起着核心的作用。假设有 n 个局中人参与博弈，在给定其他人策略的条件下，每个局中人都会选择最优策略（个人最优策略可能依赖于也可能不依赖于他人的战略），从而使自己的利益最大化，所有局中人的策略就构成一个策略组合（Strategy Profile）。纳什均衡指的是这样一种策略组合，这种策略组合由所有参与人的最优策略组成，即在给定别人策略的情况下，没有人有足够的理由打破这种均衡。从实质上说，纳什均衡是一种非合作博弈状态[①]。

在讨价还价博弈理论方面，纳什通过一个完美的公理化证明对两人讨价还价问题给出了一个讨价还价解，称为纳什谈判解。纳什讨价还价模型的实质，是对博弈中所有局中人可能得到的最大收益集合的边界进行一种收益的分配，因而也是一种从非合作博弈到合作博弈的演变，这里的合作博弈具有非线性的可转移支付。纳什均衡显然不等于纳什谈判解，两者存在一定的差异：①纳什均衡是非合作博弈的概念，刻画的是一种均衡状态；纳什谈判解是合作博弈的几个解的概念。前者说的是这样一种状态：博弈者中没有任何人有动机改变现状。后者是分配的一种方法：两个博弈者平均分享合作剩余。纳什谈判解的一般形式是 $\max xy$，其中 x、y 为双方各自所得的交易剩余。根据不等式的基本原理，我们知道当且仅当 $x = y$ 时，它们的乘积最大，所以，当且仅当双方分享合作剩余时，解概念成立。这一合作博弈解是通过三个公理推证的，它的一般形式或者多人博弈合作解称为夏普利值(Shaply Value)。②即便把合作博弈看作非合作博弈的特殊形式，纳什谈判解也仅仅是纳什均衡的一种特例。如果放在非合作博弈下，那么任何满足 $x + y = 1$ 的线性分配方案都是非合作博弈的解。均衡和均衡的解之间存在显著差异。

2.2.3.2 纳什公理化讨价还价博弈[②]

首先，我们假定有两个参与者 A 和 B 参加了博弈，对分割一块大小为 π 的蛋糕进行讨价还价，可能性协议的集合为 $X = \{(x_A, x_B); 0 \leq x_A \leq \pi$ 且 $x_B = \pi - x_A\}$，其中 x_i 为参与人 i 的蛋糕份额，$u_i(x_i)$ 是参与人 i 从份额 x_i 中得到的效用，分别记作 u_A 和 u_B。设 u 存在反函数 u^{-1}，则有 $g(u_A) = U_B(\pi - U_A^{-1}(u_A))$ 是参与人 A 获得的效用为 u_A 时参与人 B 获得的效用。在参与双方达不成一个彼此都接受的满意的蛋糕分配协议的情况下，参与双方彼此的效用向量如下：$d = (d_A, d_B)$。局中人把 (d_A, d_B) 看作谈判的初始点(也可以看作谈判的破裂点，即双方谈判破裂时彼此的收益。实际上，

---

① Nash J. The Bargaining Problem[J]. Econometrica, 1950(18): 155 – 162.
② Nash J. Two-Person Cooperative Games[J]. Econometrica, 1953(21): 128 – 140.

无论是谈判的初始点还是破裂点，从数学意义上看并无差别，均可认为是不进行谈判时双方的收益），试图通过谈判寻求比这更高的收益，并且是双方都可以接受的，记为(u_A^N, u_B^N)，则谈判过程可以抽象地记为：$(u_A^N, u_B^N) = f(X, d_A, d_B)$。这里我们自然要提出函数$f$到底是如何规定的，纳什提出下面的公理体系，确立了函数$f(X, d_A, d_B)$的形式，并对纳什讨价还价解(u_A^N, u_B^N)进行了求解。纳什证明了在满足以下6条公理的情况下存在唯一的一个纳什讨价还价解，效用向量集合紧集的性质保证了纳什讨价还价解的存在性，而凸集的性质则保证了解的唯一性。

公理1：个体理性$(u_A^N, u_B^N) \geq (d_A, d_B)$。这要求谈判解保证谈判双方通过谈判均可获得至少不低于不进行谈判时彼此可以得到的效用，即如果谈判并不能使双方的福利状况得到改善，那么双方的谈判就没有必要进行了，这也是谈判进行的充分条件。

公理2：可行性$(u_a^N, u_B^N) \in X$。这保证了双方的谈判结果在所有可能性协议集合范围之内，即只是对已定的蛋糕进行的分配，而不可能使蛋糕变大。

公理3：帕累托最优性。若$(u_A, u_B) \in X$，且$(u_A, u_B) \geq (u_A^N, u_B^n)$，则有$(u_A, u_B) = (u_A^N, u_B^N)$。这要求最后谈判达成的分配协议应该是帕累托最优的，不应该还存在没有被分配的蛋糕。若存在还未被分配的蛋糕，则双方还可以继续谈判，直至分完为止，最终的结果一定是双方将蛋糕全部分完，不存在再分配改进福利的余地。

公理4：无关选择的无关性。若$(u_A^N, u_B^N) \in T \subset X$，$(u_A^N, u_B^N) = f(X, d_A, d_B)$，则$(u_A^N, U_B^N) = f(T, d_A, d_B)$。这说明，如果原来可行的选择即分配方案在谈判中未被双方选择，那么剔除掉这些未被选择的无关分配方案并不会最终影响讨价还价博弈的结果。既然这些选择已经是"无关选择"了，那么其对最终分配方案的影响也是无关紧要的。这一公理的含义是，如果逐步从原来的可行集中排除一些无关选择，并不改变最终的讨价还价解。人们在进行讨价还价时往往也是这样行动的，讨价还价的双方不断地做出让步，使正在考虑的可能结果集逐渐缩小，从整个可能集的边界缩小到边界集中围绕(u_A^N, u_B^N)的越来越小的子集，最后达到(u_A^N, u_B^N)本身。由于讨价还价是通过以上分离筛选过程选择出来的，因此自愿的互相让步在博弈过程中是很自然的假定，在这一分离筛选过程中，讨价还价解不会改变。

公理5：线性转换的无关性。$\forall (a_1, a_2, b_1, b_2) \in R$，如果我们定义 g 为将所有集合 (u_A, u_B) 映射到 (u'_A, u'_B) 的函数，如 $u'_A = a_i u_A + b_i$，$(i=1, 2)$，于是有 $f[g(x), g(d)] = g[f(X, d)]$。这说明效用函数的线性变换只会改变双方效用函数的数值，而不会改变他们在效用空间上的相对位置。也就是说，在平面坐标图中，无论坐标原点如何变化，双方效用函数值在平面上的相对位置不变，自然双方在谈判中的相对实力也不变，这为化简双方的效用函数提供了思路。

公理6：对称性。如果对任意 $(u_A, u_B) \in X$，都有 $(u_B, u_A) \in X$，若 $d_A = d_B$，则 $u_A^N = u_B^N$。这说明如果各种可能实现的效用集合是对称的（在平面坐标系中沿45度线对称分布），同时谈判初始点的效用也对称，那么谈判结果也是对称的。实际上，在对称性假设下，谈判双方的谈判实力、谈判初始点的效用均相同，自然最终的谈判结果也相同。

如果纳什讨价还价博弈的解满足以上6个公理，Osborne 和 Rubinstein（1990）证明了此时的讨价还价解可以满足纳什积最大化，即有

$$(u_A^N, u_B^N) = \underset{u \in X}{\arg\max}(u_A - d_A)(u_B - d_B) \tag{2.5}$$

在式(2.5)中，最大化目标 $(u_A - d_A)(u_B - d_B)$ 被称为纳什积①。

2.2.3.2 考虑讨价还价能力的一般纳什讨价还价模型

在纳什的公理化讨价还价博弈假设中，公理6（对称性公理）表明在对称博弈中博弈双方有相同的讨价还价能力，因此每一方都没有理由接受所得少于对方的协议。对称性公理后来受到了研究者的质疑，布莱托（Briatore）等指出，由纳什原创的公理性方法存在缺陷，未能很好地界定原来状态（status quo）和威胁点（threat point）的作用。Menil 和 George（1971）指出，6个公理中的对称性公理假定了在博弈中各个局中人有着相同讨价还价能力，但在现实中，讨价还价博弈中的各方具有不同的讨价还价能力的情况

---

① 对"纳什解最大化纳什积"这一定理的一个最近的简洁证明可以参阅汪贤裕和肖玉明2008年编著由科学出版社出版的《博弈论及其应用》一书，在这本书的第4章中笔者给出了一个详细的证明过程。根据以上6条公理所定义的纳什解，一个效用向量是纳什讨价还价解当且仅当这一效用向量最大化纳什积。

更为普遍，讨价还价的策略、谈判实施的程序、信息结构、参与人的地位和贴现因子等因素都会影响参与双方的讨价还价能力。我们放弃对称性公理对博弈各方具有相同讨价还价能力的假设，假定它具有不同的讨价还价能力，就可以把纳什的结论推广到更为一般的情形，称为一般纳什讨价还价解或非对称纳什讨价还价解。假定讨价还价解同时取决于原来状态和威胁点，所得到的讨价还价解不是一个像纳什解那样的单一值，而是一组解。给定讨价还价的初始条件，就可以得到一组讨价还价解，原来状态和威胁点的变化都将影响讨价还价解。Brito 和 Intriligator(1977)指出，当博弈不断重复时，讨价还价解就逐渐收敛于纳什讨价还价解。

将纳什的讨价还价博弈推广到非对称的情形，大大拓宽了纳什讨价还价模型的应用范围，使之可以用以讨论现实世界中的各类讨价还价情形，特别是在经济领域，得到了广泛的应用。

非对称纳什讨价还价博弈模型的基本形式为

$$(u_A^N, u_B^N) = \underset{u \in X}{\mathrm{argmax}} (u_A - d_A)^{\tau} (u_B - d_B)^{1-\tau} \tag{2.6}$$

在式(2.6)中，系数 τ 和 $(1-\tau)$ 代表了参与者 1 和参与者 2 各自的讨价还价能力。有时，出于简便的考虑，我们也可以用对数形式来表示一般纳什讨价还价解，即

$$(u_A^N, u_B^N) = \underset{u \in X}{\mathrm{argmax}} \ln(u_A - d_A) + (1-\tau)\ln(u_B - d_B) \tag{2.7}$$

令 $\gamma = \dfrac{1-\tau}{\tau}$，上式还可以改写为

$$(u_A^N, u_B^N) = \underset{u \in X}{\mathrm{argmax}} \ln(u_A - d_A) + \gamma \ln(u_B - d_B) \tag{2.8}$$

此外，对于非对称纳什讨价还价博弈模型，研究者通过数学推导给出了具有普遍意义的解法。

如果不对称纳什讨价还价模型为

$$(u_A^N, u_B^N) = \underset{u \in X}{\mathrm{argmax}} (u_A - d_A)^{\tau} (u_B - d_B)^{1} - \tau \tag{2.9}$$

式中，τ 为参与人 A 的讨价还价能力，则不对称的纳什讨价还价解变为以下一组方程的唯一解。

$$-g'(u_A) = \left(\frac{\tau}{1-\tau}\right) \frac{u_B - d_B}{u_A - d_A}, \ u_B = g(u_A) \tag{2.10}$$

其中，g'为g的导数。

由于上式具有唯一解，因此，我们放弃对称性公理之后仍然可以得到讨价还价的唯一解，这一性质显然比布莱托等所得到的结果更加受到经济学家们的欢迎。虽然经济学家们认识到，在纳什公理性的方法中双方讨价还价能力的不同影响到了讨价还价的解，但这种方法还不能很好地揭示讨价还价能力是由哪些因素决定的。对讨价还价能力的讨论，是在战略型讨价还价理论中逐渐发展起来的。

2.2.4 鲁宾斯坦战略型讨价还价博弈及其发展

纳什所提出的公理化的讨价还价理论以复杂的数理理论为基础，着重于概念的建立与定理的推导，在实际中应用的难度很大。鲁宾斯坦分蛋糕模型因其异乎寻常的简洁性而得到更为广泛的应用，特别是当所研究的问题涉及较复杂的现实情况时，由于避免了对博弈的规则、行动和信息结构的烦琐数理定义，因此可操作性较强，使得人们不必使用复杂的数理工具即可方便地构建各类讨价还价模型，并在贸易、投资、劳资谈判乃至政治领域得到广泛的应用。

在模型解的等价性方面，宾莫尔等（1986）证明，当鲁宾斯坦模型中连续的提议间隔趋向于零时，该模型的解会趋向于纳什公理性模型的解。由于连续的提议之间的间隔趋向于零，博弈的参与者双方会做出一致的提议。如果两个参与者拥有相同的贴现率，鲁宾斯坦讨价还价模型的解就会趋向于纳什讨价还价模型的解。[①]

简要证明过程如下：令$\sigma_1 = e^{-\alpha t}$，$\sigma_2 = e^{-\beta t}$。当$t \to 0$时，即连续出价的间隔趋向于零时，有$\sigma_1 = e^{-\alpha t} \approx 1 - \alpha t$，$\sigma_2 = e^{-\beta t} \approx 1 - \beta t$，此时有

$$\frac{x}{1-x} = \left(\frac{1-\sigma_2}{1-\sigma_1\sigma_2}\right) \Big/ \left(\frac{1-\sigma_2}{1-\sigma_1\sigma_2}\sigma_1\right) = \frac{\beta}{\alpha} \tag{2.11}$$

此外，从式（2.11）中我们很容易看出，在两个参与者贴现率相同的情况下，式（2.11）的解等同于对称条件下的纳什讨价还价解。在此基础上，Osborne 和 Rubinstein（1990）证明了对于每一时期都有一个正的中断可能性

---

① Rubinstein A. Comments on the Interpretation of Game Theory[J]. Econometrica, 1991(59): 909-924.

的动态博弈，其均衡解在取极限时也趋向于纳什讨价还价模型的解。在这种情况下，参与者的风险规避特征和博弈中断的可能性同时决定了双方的讨价还价能力。①

2.2.4.1 鲁宾斯坦讨价还价模型

1982年，以色列学者鲁宾斯坦(1982)以一个简单的两人轮流出价分蛋糕模型为例，模拟了完全信息境况下的无限期讨价还价过程，并据此建立了著名的鲁宾斯坦分蛋糕模型。从理论上说，鲁宾斯坦轮流出价分蛋糕模型是鲁宾斯坦在Stalh(1972)和Krelle(1976)有限期轮流出价博弈模型基础上的一个扩展。鲁宾斯坦的创新之处在于，通过引入行为人的贴现因子，成功地将其扩展到无限期的情形，并由此得出了博弈的唯一子博弈精炼纳什均衡。

鲁宾斯坦(1982)把讨价还价过程视为合作博弈的过程，并将其扩展到无限期的情形。他以简单的两人分蛋糕为例，对此进行了研究。在模型中，两个参与人共同分割一块蛋糕，参与人1首先给出一个分配方案，参与人2有两种选择——接受或拒绝。如果参与人2接受该分配方案，则双方博弈结束，蛋糕按参与人1的方案分配；如果参与人2拒绝该分配方案，他自己将提出一个新的分配方案，参与人1同样可以选择接受或拒绝——如果参与人1接受该分配方案，博弈到此结束，蛋糕按参与人2的方案进行分配；如果参与人1拒绝该分配方案，他自己要重新设计一个新的方案；双方周而复始，一直下去，直到最终一个参与人的分配方案被另一个参与人接受为止。该博弈属于一个无限期完美信息博弈问题，参与人1分别在不同时期1、3、5……提出分配方案，参与人2则在时期2、4、6……提出分配方案。这个博弈有无穷多个纳什均衡，但鲁宾斯坦证明了它的子博弈纳什均衡是唯一的。②

在有限期的情况下，可以根据逆向归纳法求解子博弈精炼纳什均衡。当$t=2$时，子博弈精炼纳什均衡为参与人1得到$x_1 = 1 - \sigma_2$，参与人2得到

---

① Rubinstein A. Modeling Bounded Rationality [M]. MIT Press, 1998, Cambridge, Massachusetts.

② Rubinstein A. A Bargaining Model with Incomplete Information about Time Preferences [J]. Econometrica, 1985(53): 1151–1172.

$1-x_1=\sigma_2$；当 $t=3$ 时，子博弈精炼纳什均衡为参与人 1 得到 $\sigma_2(1-\sigma_1)$，参与人 2 得到 $1-\sigma_2(1-\sigma_1)$；当 $t=4$ 时，子博弈精炼纳什均衡为参与人 1 得到 $\sigma_2[1-\sigma_1(1-\sigma_2)]$，参与人 2 得到 $1-\sigma_2[1-\sigma_1(1-\sigma_2)]$……

对于鲁宾斯坦模型在无限期情形下博弈的子博弈精炼纳什均衡求解，Shaked 和 Sutton(1984)通过假定"无限期博弈从 $t-2$ 时期开始和从 t 时期开始均衡结果完全相同"，将无限维问题化为有限维问题，给出了逆向归纳法的思路解决方案。假定 $t\geqslant3$ 时参与人 2 先出价，设 t 期参与人 2 可以得到的最大份额为 M，参与人 1 意识到在 $t-1$ 时期任何 $x_2\geqslant\sigma_1 M$ 的出价将会被参与人 2 接受，因为对参与人 2 而言，t 期的 M 等价于 $t-1$ 期的 $\sigma_1 M$，因而参与人 1 出价 $\sigma_1 M$，参与人 2 得到 $1-\sigma_1 M$；同理，参与人 2 在 $t-2$ 期会出价，此时，参与人 1 的份额为 $\sigma_2(1-\sigma_a M)$。由于从 $t-2$ 期开始的博弈和从 t 期开始的博弈完全相同，参与人 2 在 $t-1$ 期开始的博弈中得到的最大份额与从 t 期开始的博弈中得到的份额完全相同，因此有

$$x_1=M=1-\sigma_2(1-\sigma_1 M) \tag{2.12}$$

解得 $M=\dfrac{1-\sigma_2}{1-\sigma_1\sigma_2}$。

依此类推，假定参与人 1 在 t 期所能得到的最小份额为 m，则其在 $t-1$ 期最多得到 $1-\sigma_1 m$，因为 t 期的 m 等价于 $t-1$ 期的 $\sigma_1 m$，同理，参与人 2 在 $t-2$ 期至少得到

$$x_1=m=1-\sigma_2(1-\sigma_1 m) \tag{2.13}$$

解得 $m=\dfrac{1-\sigma_2}{1-\sigma_1\sigma_2}$。

由于参与人 2 得到的最大份额和最小份额相同，均衡结果是唯一的并且为 $x=\dfrac{1-\sigma_2}{1-\sigma_1\sigma_2}$。因此，参与人 2 的子博弈精炼均衡为：在 $t=1,3,5\cdots$ 时，总是要求 $\dfrac{1-\sigma_2}{1-\sigma_1\sigma_2}$，在 $t=2,4,6\cdots$ 时，接受任何大于或等于 $\dfrac{1-\sigma_2}{1-\sigma_1\sigma_2}\sigma_1$ 的份额，拒绝任何较小的份额。参与人 1 的子博弈精炼均衡为：在 $t=1,3,5\cdots$ 时，接受任何大于或等于 $\dfrac{1-\sigma_1}{1-\sigma_1\sigma_2}\sigma_2$ 的份额，拒绝任何较小的份

额；在 $t = 2, 4, 6\cdots$ 时，总是要求 $\dfrac{1-\sigma_1}{1-\sigma_1\sigma_2}$ 的份额，拒绝任何较小的份额。

我们用 x_i 和 $(1-x_i)$ 表示在时期 i 参与人 1 和参与人 2 各自所得的份额。假定两个参与人的贴现因子分别是 σ_1 和 σ_2。这样，如果博弈在时期 t 结束，参与人 1 支付的贴现值是 $w_1 = \sigma_1^{t-1} x_t$，参与人 2 支付的贴现值是 $w_2 = \sigma_2^{t-1}(1-x_t)$。

双方在经过无限期博弈后，可能得到的纳什均衡解为

$$\left(\frac{1-\sigma_2}{1-\sigma_1\sigma_2}, \frac{(1-\sigma_1)}{1-\sigma_1\sigma_2}\right) \tag{2.14}$$

其中，$x_t = \dfrac{1-\sigma_2}{1-\sigma_1\sigma_2}$。如果 $\sigma = \sigma_1 = \sigma_2$，则有 $x_t = \dfrac{1}{1+\sigma}$。

对以上模型子博弈精炼纳什均衡的解法，高宏伟（1998）给出了基于无限维子博弈纳什均衡定义的简洁解决方案①。首先给出无限维子博弈纳什均衡的定义：若 $t \to \infty$，有 $\pi_t \to A$，则称 A 为无限维子博弈纳什均衡。其含义为：对于任意大的博弈参数，均存在一个子博弈纳什均衡 π_t，当 $t \to \infty$ 时，π_t 无限接近固定值 A，该值就为无限维子博弈纳什均衡。

在此基础上，当 $t = 2k$ 时，则有

$$n_{2k}(\sigma_1,\sigma_2) = (1-\sigma_2)\sum_{j=0}^{k-1}(\sigma_1,\sigma_2)^j = \frac{(\sigma_1,\sigma_2)^k - 1}{\sigma_1\sigma_2 - 1}(1-\sigma_2) \tag{2.15}$$

当 $k \to \infty$ 时，则有

$$\pi_{2k} \to \frac{1-\sigma_2}{1-\sigma_1\sigma_2} \tag{2.16}$$

当 $t = 2k+1$ 时，则有

$$n_{2k+1}(\sigma_1,\sigma_2) = (1-\sigma_2)\sum_{j=0}^{k-1}(\sigma_1,\sigma_2)^j + (\sigma_1,\sigma_2)^k$$

---

① 高宏伟. 轮流出价的讨价还价模型的均衡证明[J]. 数量经济技术经济研究, 1998(9): 56-57.

$$= \frac{(\sigma_1, \sigma_2)^k - 1}{\sigma_1 \sigma_2 - 1} (1 - \sigma_2) + (\sigma_1, \sigma_2)^k$$

当 $k \to \infty$ 时,则有

$$\pi_{2k+1} \to \frac{1 - \sigma_2}{1 - \sigma_1 \sigma_2} \tag{2.17}$$

所以,当 $t \to \infty$ 时,$\left(\dfrac{1-\sigma_2}{1-\sigma_1\sigma_2}, \dfrac{\sigma_2(1-\sigma_1)}{1-\sigma_1\sigma_2}\right)$ 为参与人双方的无限维子博弈纳什均衡。

2.2.4.2 穆素对鲁宾斯坦模型的扩展

1999 年,英国经济学家穆素(Muthoo)概括了鲁宾斯坦经典论文问世后发展起来的有关轮流出价讨价还价模型的极为丰富的文献,整理出版了 *Bargaining Theory with Applications* 一书,并就讨价还价理论在劳工、贸易、商务及其他类型谈判中的应用进行了广泛的探讨。① 在书中,他以纳什公理型讨价还价博弈和鲁宾斯坦轮流出价讨价还价博弈为基础,提出了统一的处理讨价还价博弈的分析框架,对之前讨价还价博弈的发展进行了梳理和总结,进行了丰富的扩展,考虑了双方谈判破裂的风险、彼此的外部选择、内部选择讨价还价的出价规则、信息不对称等因素对双方讨价还价博弈的影响,在相关领域的研究上取得了突出的成绩。

(1)有破裂风险的模型。

两个参与人 A 与 B,对分割一块大小为 π 的蛋糕进行讨价还价,但进行以下修改:假定任何一个参与人在任意时点 $t\Delta$ 拒绝对方的出价以后,博弈双方由于意见无法一致进而造成无法达成谈判协议的概率为 $p(p<0<1)$,则博弈进行到 $(t+1)\Delta$ 时刻的概率为 $1-p^{24}$。② 在这种情况下,如果参与人在时点 $t\Delta$ 就蛋糕的分割达成了协议,且协议给参与人 i 带来 x_i 的蛋糕份额,则参与人 i 的支付(也就是效用)为 $U_1(x_i)$。但如果在时点 $t\Delta$ 就蛋糕的分割未达成协议,谈判破裂,则参与人 i 获得的支付(也就是效用)为 b_i。我们可以得出下式:

---

① Muthoo. Bargaining Theory with Applications. [M]. Cambridge University Press, 1999.
② Muthoo. Bargaining Without Commitment [J]. Games and Economic Behavior, 1990 (2):291-297.

$$U_i(0) \leq b^i \leq U_i(\pi) \quad (2.18)$$

此时，双方的支付对(b_A, b_B)被称为破裂点，也就是说，时点$t\Delta$是双方蛋糕谈判破裂的临界点，此时两个参与人A与B的效用分别为b_A和b_B。

如果双方的谈判长期意见不一致，也就是说，每个参与人总是拒绝对方的任一出价，则参与人i的支付为

$$pb_i \sum_{t=0}^{\infty}(1-p)^t \quad (2.19)$$

这个谈判僵持点双方的支付对为(b_A, b_B)。它的实际意义为：在蛋糕谈判中，参与人i可以一直要求x_i的蛋糕份额，对其他要求全部拒绝，以此来保证得到支付b_i。由此可得以下结论：在有破裂风险的讨价还价模型的任一子博弈的子博弈完备均衡中，参与人$i(i=A, B)$的支付大于或等于b_i。假设当两个连续出价之间的时间间隔Δ减少时，在两个连续出价之间，谈判破裂的概率p也随之减小，且当$\Delta \to 0$时，$p \to 0$。

在极限的情况下，当$\Delta \to 0$时，支付对$(U_A(X_A^*), U_B(\pi - X_B^*))$和$(U_A(\pi - X_B^*), U_B(X_B^*))$收敛于下列最大化问题的唯一解：

$$\max_{(u_A, u_B) \in \Theta}(u_A - b_A)(u_B - b_B) \quad (2.20)$$

其中，$\Theta = \{(u_A, u_B): U_A(0) \leq u_A \leq U_A(\pi), u_B = g(u_A), u_A \geq b_A\}$，并有

$$g(u_A) = U_B(\pi - U_A^{-1}(u_A)) \quad (2.21)$$

从以上推论和纳什讨价还价解的定义可以直接导出，当$\Delta \to 0$(此时$p \to 0$)时，也就是在极限的情况下，唯一的子博弈完备均衡对收敛于讨价还价问题的纳什讨价还价解。因此，纳什结构下的无协议点与有破裂风险模型中的僵持点是等同的。这意味着当讨价还价过程中的摩擦(破裂的风险)任意小时，纳什讨价还价解是适用的。

(2)考虑贴现影响的有破裂风险的模型。

定义$\sigma_i = \exp(-\gamma_i \Delta)$，其中，$\gamma_i > 0$是参与人$i$的贴现率。如果参与人长久的意见不一致(每个参与人总是拒绝任一对他的出价)，则参与人i的支付为

$$pb_i \sum_{t=0}^{\infty}(1-p)^t \sigma_i^t \quad (2.22)$$

这等同于 $\beta_i = \dfrac{pb_i}{1-(1-p)\sigma_i}$，即参与人 i 总是通过要求 x_i^b 的份额，并且总是拒绝所有的出价，来保证获得支付 β_i。①

在极限的情况下，当 $\Delta\to 0$ 时，对于考虑不同贴现率影响的有破裂风险的非对称模型，其唯一子博弈完备纳什均衡支付对收敛于下列最大化问题的唯一解：

$$\max_{(u_A,u_B)\in\Theta}(u_A-\chi_A)^{\sigma_A}(u_B-\chi_B)^{\sigma_B} \tag{2.23}$$

其中，$\Theta=\{(u_A,u_B):u_A\geqslant\chi_A,u_B\geqslant\chi_B\}$，$\lambda=\dfrac{p}{\Delta}$，并有

$$\chi_i=\left(\dfrac{\lambda_i}{\gamma_i+\lambda_i}\right)b_i\quad(i\neq j),\quad \sigma_i=\dfrac{\gamma_i+\lambda_j}{\lambda_A+\lambda_B+\gamma_A+\gamma_B}$$

从以上推论和纳什讨价还价解的定义可以直接导出，当 $\Delta\to 0$（此时 $p\to 0$）时，也就是在极限的情况下，唯一的子博弈完备均衡对收敛于讨价还价问题的不对称纳什讨价还价解。

(3) 外部选择的模型。

两个参与人 A 与 B，对分割一块大小为 π 的蛋糕进行轮流出价讨价还价，但进行以下修改：在讨价还价过程中，参与人双方至少有一个存在外部选择的机会，这意味着他可以改变谈判对手，选择与第三方进行同样的分蛋糕谈判，并达成和原来一模一样的分配协议，而他从谈判中得到的蛋糕也没有任何区别。此时，拥有外部选择机会的参与人如果对原来的谈判对手不满意的话，那么他在必须对对方出价给出自己回应的时刻就有三种选择：①接受该出价，双方达成协议；②拒绝对方出价，并在 Δ 时间单位后自己报价时进行还价；③拒绝该出价，退出原有谈判，转而和第三方进行同样的分蛋糕谈判。②

如果参与人在时点 $t\Delta$ 达成分割蛋糕的协议，同意分给参与人 i 的蛋糕份额为 x_i，则参与人 i 的支付（即效用）贴现为 $x_i\exp(-\gamma_i t\Delta)$。此外，如果

---

① Muthoo. A Note on Bargaining Over a Finite Number of Feasible Agreements[J]. Economic Theory, 1991(1): 290-292.
② Muthoo. A Bargaining Model with Players' Perceptions on the Retractability of Offers[J]. Theory and Decision, 1995(38): 85-98.

二者在时点 $t\Delta$ 无法达成分割蛋糕的协议，参与人 i 就采取他的外部选择，并获得 $w_i\exp(-\gamma_i t\Delta)$ 的支付，其中 $w_i < \pi$。

对于外部选择，如果参与人的外部选择均小于或等于在鲁宾斯坦模型的子博弈完备均衡中的份额，则不会影响最终的均衡蛋糕分割；；如果一个参与人的外部选择大于在鲁宾斯坦模型的子博弈完备均衡中的份额，那么该参与人的子博弈完备均衡份额就等于其外部选择。

在极限的情况下，当 $\Delta\to 0$ 时，唯一的子博弈完备均衡度支付对（x_A^*，$\pi - x_A^*$）收敛于下列最大化问题的唯一解：

$$\max_{(u_A, u_B)\in\Theta} (u_A - b_A)^{\eta_A}(u_B - b_B)^{\eta_B} \tag{2.24}$$

其中，$\Theta = \{(u_A, u_B): 0 \leq u_A \leq \pi, u_B = \pi - u_A, u_B \geq w_b\}$

并且在极限情况下，当 $\Delta\to 0$ 时，有外部选择和贴现的模型，其唯一子博弈完备均衡支付对收敛于讨价还价问题的不对称纳什讨价还价解。

2.2.5 国外其他人的贡献

对于信息不对称的讨价还价博弈问题，Fudenberg 和 Tirole(1983)较早地展开了研究，他们主要探讨了购买者和销售者都具有两种不同类型的情况下的讨价还价问题。Peter Cramton(1984，2008)对单边和双边信息不对称、重复讨价还价、存在不确定的谈判成本等情况下博弈的效率和讨价还价能力进行了详尽的分析，并和 Lawrence M. Ausubel，Raymond J. Deneckere 等为 Handbook of Game Theory 第 3 卷编写了《不完全信息条件下的讨价还价》(Bargaining with Incomplete Information)，对该方面的研究进行了系统总结。

2.2.6 国内讨价还价博弈研究现状

国内对讨价还价理论的研究还比较少，最近几年，一些学者开始了对讨价还价博弈的研究，在理论和应用方面均取得了一定的成果，虽然和国外相比还有相当大的差距，但发展的势头却不容忽视。

在理论研究方面，高宏伟(1998)对鲁宾斯坦讨价还价模型中无限维子博弈纳什均衡进行了定义，并利用该定义的性质，分别对鲁宾斯坦模型的有限维和无限维情形进行了重新证明。邱新平和吕廷杰(2004)基于鲁宾斯坦议价模型的结论,分析了议价方开价先后次序、贴现因子大小和开价高低对均衡结果的影响。敬震海(2003)则根据交易者拥有的市场信息和其自身的效用评价,确定了在机会选择的基础上讨价还价的"有效区间"。李建华和张国琪(2008)在基于非合作博弈讨价还价理论的基础上,根据技术转让的讨价还价过程,建立了具有破裂风险、贴现和内部选择因素的国际技术转让价格的讨价还价模型,并给出了模型参数的选取方法。邓艳红和陈宏民(2006)从讨价还价的角度,研究了风险投资家和创业者之间的帕累托有效合约区间的确定问题。向钢华和王永县(2008)将不完全信息引入相互威慑讨价还价之中,探讨了相互威慑中博弈方单边不完全信息和双边不完全信息条件下的威慑可信性与冲突可能性。周振红和黄深泽(2008)通过研究顾客网上讨价还价时出价的原因,建立了顾客网上讨价还价的最优出价模型。

在讨价还价博弈应用方面,近几年我国学者在工资谈判、税收、产品定价等方面进行了应用研究。周黎丽和胡赛全(2008)从讨价还价理论模型入手,分析了影响贿赂的因素,并提出了解决征税腐败的最优政策设计。贾让成和李龙(2008)对 Shaked 和 Sutton(1984)的议价模型进行了扩展,并将其用于分析外来务工人员收入的初次分配和再分配。马文彬和罗巧根(2003)运用纳什的讨价还价模型分析了可谈判条件下的技术许可契约,并建立了利率动态议价过程模型。张国琪(2007)用讨价还价博弈作为分析工具,研究了国际技术转让价格的定价。邹小燕和王正波(2005)运用鲁宾斯坦的轮流出价讨价还价模型的思想,构建了发电公司与大用户之间关于直购电力价格的不完全信息轮流出价的讨价还价博弈模型。熊运莲、熊中楷和熊洪川(2005)建立了基于效用理论的企业并购价格谈判的讨价还价模型,分析了并购双方的讨价还价能力和风险规避程度对并购溢价分配的影响。罗巧根和李国柱(2003)提出用非合作博弈定价理论来解释资本资产的定价,描述了资本资产定价模型中市场达到均衡的过程。杜义飞和李仕明(2006)应用 Rubinstein-Stahl 轮流出价的讨价还价模型研究了供应链的价值分配和中间产品的定价。李建华和张国琪(2008)在非合作博弈讨价还价理论的基础上，根据技术转让的讨价还价过程，建立了具有破裂风险、贴现和内部选择因素的国际技术转让价格的讨价还价模型，给出了模型参数的选取方法，并进行了实证研究。吴斌、李春年和何建敏（2009）建立股权对价模型讨论了无时间限制和有时间限制股权分置对价问题，结果表明，流通股和非流通股股东对价博弈结果取决于双方贴现因子之比。

第 3 章
CHAPTER 3

知识型企业合作剩余分配讨价还价能力影响因素分析

3.1 讨价还价能力与讨价还价技巧

对于讨价还价能力，现有文献主要从合作贡献的角度来描述。按照这种思路，对双方谈判的目标做出较大贡献的谈判者会增加对手对他的依赖性，从而拥有较强谈判力并分享更多收益。拥有较强谈判力的谈判者对这一谈判的依赖性会更小，他们可以寻求更好的选择，因而在谈判中拥有更强的谈判力并获得较多收益；而拥有较弱讨价还价能力的谈判者则不得不在谈判中做出让步，竭力避免谈判破裂。

但这一分析框架将不可避免地把谈判技巧与谈判力相混淆，因为两者都能使谈判者在最终收益中获得更大份额。在本质上，两者有着显著的区别。Binmore(1998)曾经明确指出，对于讨价还价博弈模型，非对称讨价还价解中的谈判力可以归结为在当时谈判环境下谈判者所拥有的战略优势，而非谈判者所拥有的谈判技巧。因此，某人是否具有谈判力或影响力应该根据其行为来判断，在这些行为中最具代表性的是其可能采用的手段或可采取的策略，谈判力在某种程度上是一种威慑对方的能力。[①] 谈判技巧是谈判力的外在体现，一个无谈判能力的人也可能拥有很高的谈判技巧，但却不可能在谈判中占据优势地位。相反，一个拥有优势谈判力的人，只需固执地坚持自己的主张，不需要很多的谈判技巧，就可以在谈判中稳操胜券。[②] 甲午中日战争时，李鸿章可谓是一个拥有丰富谈判经验的谈判高手，却也不得不在《马关条约》上签字。在巴黎和会上，中国政府代表顾维钧展示出了非凡的谈判机能和娴熟的谈判技巧，却也改变不了惨败的命运。所谓"弱国无外交"，其含义并非弱国没有优秀的外交谈判人才，而是谈判中如果实力不济，就是神仙也无回天之力。

---

① 游小聪. 谈判力研究综述[J]. 广东农工商职业技术学院学报，2009(2)：59-62.
② 施密特海克，李竹渝. 讨价还价实力：中德之间的实验研究[J]. 南开管理评论，2006(2)：31-38.

由于谈判是谈判者之间以自愿为前提、不具有强制性的一种协商过程，在双方平等合作的框架下，任何一方都有权利退出谈判，以此作为威胁来拒绝合作。在研究者对谈判力的定义中，以 Roger Fisher(2005)的经典诠释最为大家所接受。他认为，谈判力是指谈判者在给定的谈判环境下能够实现自己想要的结果的能力，也就是对谈判过程和结果的掌控能力。根据这个定义，我们可以在具体操作中把谈判者的谈判力细化为三种因素的组合：谈判的外部环境(environment power)、谈判人自身的实力(personal power)和谈判人相互的关系地位(relationship power)。在国内，赵德海和衣龙新(2005)也对此展开了研究，他们将谈判力表述为"综合谈判力"，并认为它是签约人自身实力、签约人的相互关系地位和签约的外部环境等多种因素影响的结果。[①] 根据各国学者的研究，我们可以总结出"谈判力"的特征：谈判力是一个相对的概念，而非绝对的概念，相同的个人或组织在面对不同的谈判对手时，谈判力是不同的；谈判力是个体、团队或组织所拥有的影响其他人的潜在能力，而非改变他人态度或行为的动作；在不同的宏观环境下和面对不同的对手时，谈判者的谈判力会发生较大变化；拥有谈判力的人或团体常常具备某些特殊的价值，而这种价值往往被其他人所依赖。

由于谈判力定义的多变性和模糊性，相关文献对谈判力大多采用定性分析的方法进行定义，缺乏系统性研究，一般和本书一样，遵循以下思路：谈判过程中双方的目标也就是激励因素取决于彼此通过谈判所能得到的合作剩余分配份额，因而谈判的核心是如何对合作剩余进行分配，双方所拥有的谈判力对比应该等价于各自的合作剩余分配份额之比。在谈判力的度量方面，由于剩余分配份额往往取决于各自对合作剩余的贡献，因而可以用合作剩余贡献程度来代表谈判力进行测度。比如，在对多人合作联盟博弈的研究中，Shapley(1923)就定义了联盟总体利益在各成员之间的公平有效的分配程度的 Shapley Value，也就是用参与者的期望边际贡献来度量个体谈判力，并由此将两人讨价还价扩展为 n 人情形。实际上，谈判力

[①] 赵德海，衣龙新. 基于"综合谈判力"的企业合作剩余分配[J]. 中国工业经济，2004(11)：54–59.

的量化研究是难点，因为这些影响要素本身就难以度量。

3.2 人力资本谈判力与收益分配格局

企业作为人力资本与物质资本的合作契约，其合作剩余是人力资本与物质资本共同合作的产物，企业合作剩余的分配自然要体现二者的这种关系。人力资本能够区别于传统意义的劳动，不仅获得工资，而且分享知识型企业合作剩余收益，仅仅是理想状态下的一个逻辑推论而已。[①] 有权分享企业合作剩余收益并不意味着人力资本所有者在任何情况下总能享有企业合作剩余收益，在现实生活中，仍然需要满足一系列的条件。满足这些条件的过程就是一个人力资本与物质资本博弈的过程，博弈的结果取决于双方谈判力的对比。人力资本与物质资本谈判力的变化，可以带来二者在企业中地位的变化，进而影响企业合作剩余分配格局。[②] 企业合作剩余收益的分配取决于人力资本所有者与非人力资本所有者的谈判和协商过程。

所谓人力资本谈判力，是指人力资本所有者依据其人力资本的特征、类型与企业主就雇佣期限、待遇、升迁等进行谈判时的影响力，与谈判的外部环境、谈判者自身的实力和相对重要性密切相关。在企业契约的分析框架内，在签订契约前后的讨价还价过程中，物质资本所有者和人力资本所有者等合约中当事人应该享有的权益和利益分配已经确定，也就是说，在讨价还价谈判中，组成企业的各要素所有者的"谈判势力"的大小决定权益的分配结果。"谈判势力"强的一方获得更多的权力，分享到相对多的剩余索取权和剩余控制权，而谈判势力相对弱的要素所有者则分享到相对少的剩余索取权和剩余控制权。[③] 那么，对双方而言，谈判势力的大小又是如何确定的呢？张屹山（2004）认为，排除那种凭"武力"界定产权的极端情形，谈判势力取决于在资源配置过程中，经济主体拥有资源的相对稀缺度

---

① 高伟凯. 企业所有权理论的历史演进[J]. 山西财经大学学报，2007(11)：17-26.
② 李军林. 权利、均衡与制度变迁——一种关于产权起源的非合作博弈解释[J]. 南开经济研究，1998(2)：52-68.
③ 顾庆良，陈绣华. 在中国议价行为的实验经济学研究[J]. 东华大学学报（社会科学版），2001(2)：25-31.

及其操控能力。具体来讲，经济主体拥有的资源相对稀缺程度越高，操控能力越强，其具有的谈判势力越强；资源的相对稀缺程度越低，操控能力越弱，其具有的谈判势力越弱。但是，若双方的需求和拥有的资源具有稀缺性和互补性，他们的博弈结果则与双方的具体谈判技巧密切相关，并且其博弈结果一旦确立，就较少改动。① 经济主体各自拥有的资源的稀缺程度决定了各个利益集团的谈判势力，进而决定各个要素所有者在契约关系中的权力、地位、权益分配和要素收入的份额。

3.3 知识型企业中讨价还价能力的影响因素

在知识型企业中，人力资本所有者要分享企业合作剩余收益，就必须同物质资本所有者达成某种合作契约。企业合作剩余是双方要素投入的共同产物，其分割必须通过契约，而双方要达成分配契约，只有通过谈判，因此彼此的谈判能力决定了剩余收益的分配。相关研究表明，影响谈判能力的因素主要有以下几个。

3.3.1 要素所有者的信息结构

在大部分市场中，参与者所拥有的信息存在很大的差异。非对称信息，是指某些参与人和另一些参与人相比拥有的信息优势。例如，在旧车市场上，有关旧车质量的信息，卖者通常要比潜在的买者知道得多。中国谚语"从南京到北京，买家没有卖家精"，也说明了同样的道理。非对称信息类型的差异，导致了双方不同的博弈类型，进而导致双方在博弈过程中的不同地位和谈判力。就其来源而言，非对称性信息可能存在极大差异，有些是由于先天的某种条件而获得，有些是通过后天专业化的教育和培训逐渐积累起来的。不管来源如何，拥有信息优势的谈判者在契约谈判中都会处于相对有利的地位，他们会把这种优势当作讨价还价的筹码，从而在实现谈判目标的过程中拥有较大的谈判力。

---

① 蔡志明. 议价行为的博弈理论与博弈实验研究[J]. 华东师范大学学报(哲学社会科学版)，1999(6)：68-74.

理论上一般认为，作为企业的"内部人"，人力资本在自身所拥有的专利技术和管理团队能力方面拥有信息优势，但为了争取与物质资本的合作，人力资本会故意隐瞒对吸引物质资本不利的有关信息，比如技术的市场潜力、产品换代能力和市场竞争程度等潜在问题。在专业的人力资本面前，物质资本所有者获得的信息先天不足，只能凭借人力资本提供的有限的和不确定的信息对企业合作前景做出预测和判断，在信息获得时处于劣势地位。此外，物质资本在对合作项目进行可行性评估时也存在故意保密，甚至故意传递虚假信息，有意贬低人力资本的技术和管理能力，以便在后续的合作剩余谈判中取得有利地位的动机，使得在这个过程中人力资本难以把握物质资本的真实意向。总之，各种要素所有者之间存在着各种信息不对称现象，这使得具有信息优势的一方在谈判中处于有利地位，增强了其潜在谈判实力。因此，企业合作剩余分配将取决于要素所有者在信息方面拥有的各种优势所造成的谈判力的均衡。

3.3.2 要素资产的专用性

在企业中，具有普通人力资本的员工经过特定培训与实践之后，对所在公司而言，在一定程度上就具有了专用性，并与公司设备或其他相关资源形成了一种依赖关系，其中任何一方中途退出都会给双方带来一定程度的资本价值损失，这就是所谓的要素专用性。由于专用性资产在形成之后，其价值对团队的存在和其他团队成员的行为存在严重依赖性，因此，专用性资产自形成之时起就与机会主义行为密切相关。从最优制度设计的角度考虑，为了防止被他人的机会主义行为侵害，那些重要的专用性资产的所有者应该拥有控制权，并且要求企业合作剩余索取权和控制权匹配。也就是说，由于专用性投资提高了对市场交易伙伴的依赖性，资产专用性程度越强，对交易伙伴的依赖性就越大，在没有制度阻拦的条件下，专用性投资较强的一方被交易另一方的机会主义行为损害的可能性就越大，其所有者在和别人进行谈判时"筹码"也就越少。因而，专用性资产的拥有者应当设法在谈判中拥有更大的谈判力。资产的专用性特征在两种不同的情况下会对企业合作剩余分配产生影响：一是在企业契约谈判时，资产专用性决定了谈判参与者所拥有资源的质的特性，它对企业契约的影响直接取决于市场的供求关系，只不过资产专用性的存在进一步强化了这种供求关系；二是如果企业契约谈判取得成功，企业投资于专用性很强的资产，其中流动性强的资产的所有者就可能以退出契约相要挟，使流动性弱的资产面临巨大损失，为了弥补这种损失，流动性弱的资产的所有者必然要求更多的企业所有权。

人力资本是指个人通过教育培训等投资方式形成的包括体力、知识和能力的存量部分，是人力资源被开发出来并投入到经济活动中的部分。知识型企业的行业特点决定了其发展壮大主要依赖企业中的专业和创新型人力资本，而这与传统企业所拥有的人力资本有很大的区别。专业和创新型人力资本往往具有较强的资产专用性，这是指员工在企业内部工作过程中，通过"干中学"等途径而积累的特殊知识。对知识型企业而言，专用性成为人力资本最主要的特性。相关研究表明，专用性人力资本具有报酬递增的特性，能够给企业带来生产上的递增收益，并且可以使员工在一定程度上具有垄断势力。因而，知识型企业内人力资本专用性的增加会使企业所有者与专用性人力资本所有者之间的合作剩余分配关系变得复杂。此外，企业内专用性人力资本所有者的信息优势加大了双方信息的不对称，因而增加了专用性人力资本所有者的剩余索取权，以及企业所有者对他们的监督成本，从而导致公司主雇双方不得不在合作剩余分配上进行讨价还价。

3.3.3　风险态度差异

风险态度是指人对风险所采取的态度，是基于对目标有影响的正面或负面的不确定性所选择的一种心智状态，也可以说是对重要的不确定性认知所选择的回应方式。人们在面对未来可能出现的风险或者不确定性因素的时候，会出现不同的反应，采取不同的行动。在现实中，风险与收益往往是相辅相成的。每个人在获取预期收益的同时，都会面临一定的风险，并且随着预期收益的增加，要面临的风险会相应提高。有着不同风险态度的成员对未来的预期收益和风险有不同的偏好和理解，从而对风险带来的收益也有不同的预期。在知识型企业的合作剩余分配中，物质资本和人力资本双方的风险也有显著的差别。物质资本通常为风险偏好或者风险中性者，他们偏好进行高风险高回报的行动，很少受到不确定性因素的影响，关注机会并善于把握机会，甚至在预期会有风险发生时，依然能够坦然面对。而人力资本通常为风险的规避者，有时为风险中性者，在面对未来的不确定性时，如果预期将有较高的风险发生，就会采取风险规避的方式来降低损失。

在企业合作剩余分配中，人力资本所有者和物质资本所有者的风险态度差异会影响其各自所具有的谈判能力，进而决定他们在合作剩余谈判中的所得。Kihlstrom、Roth、Schmeidler（1981）最早对确定性情形下（可选择的结果以及谈判破裂点都是确定的）参与合作的主体的风险规避程度对分配结果的影响做了比较静态分析，他们证明了在其他条件不变的情况下，若参与合作的一方的风险规避程度增加了，那么最终分配的结果会向不利于他的方向移动，这符合我们的直觉。很容易证明其他的解也具有这样的性质。Roth 和 Rotblum（1982）分析了可选择的结果不确定但合作破裂点确定时的情形，而此时上面所说的结论不再成立，在一个主体认为威胁点优于纳什解的结果时，其风险规避程度的增加可能会使分配向有利于他的方向移动。

3.3.4 耐心程度

耐心在《新华词典》中的解释为"耐性、不厌烦"，是在谈判中战胜谈判对手的一种战术与谋略。在谈判中，耐心表现为不急于取得谈判结果，能够很好地控制自己的情绪，掌握谈判的主动权。在序贯讨价还价博弈中，耐心对最终的均衡结果有至关重要的影响。在日常生活中，略加留意我们便会发现，在自由市场里，小贩对一位大学教授报出的蔬菜价格往往比对一位退休老太太的报价要高。其原因是小贩心里明白，退休老太太有的是空闲时间和自己一毛一毛地讨价还价，对退休老太太而言，时间机会成本几乎为零，甚至有些老太太专门以讨价还价来消磨时间，这使得她们在价格谈判中有着充足的耐心。小贩要招呼其他顾客，时间成本大于退休老太太，所以自愿用低价来尽早结束谈判。对大学教授而言，他们的时间机会成本很高，可能耽搁的时间足够其给企业做个讲座而获得几百元甚至几千元的收入，因而他们缺乏跟小贩在几毛钱上计较的耐心。博弈论学者泽克豪森曾组织过一次模拟谈判，让犹太人和美国人分别扮演谈判的双方。结果表明，犹太人由于其特有的商业天分，有着充足的耐心来通过谈判达到自己的预期结果，在谈判中所得到的收益普遍比美国人高。[①] Knight(1984)指出，耐心能够用来增强谈判优势，并增强谈判力，只是人们一直低估了它。在讨价还价博弈中，贴现因子的大小决定了各自的谈判收益，其中贴现因子被解释为耐心。Binmore(1998)进一步指出，当讨价还价时间间隔趋于0时，贴现因子将决定各方谈判力，如果考虑某个参与者成为最终提议者的概率，那么贴现因子和其概率将共同决定谈判力。王月欣(2004)认为，企业控制权的唯一子博弈精炼纳什均衡结果取决于物质资本所有者与人力资本所有者的耐心程度。耐心程度取决于物质资本与人力资本的实力、稀缺程度、专用性、唯一性和流动性。

3.3.5 市场要素相对稀缺程度

物以稀为贵，稀缺性是经济学研究的基本出发点，稀缺意味着某种程度的垄断和不易获取。毫无疑问，资源的稀缺性程度越高，其所有者的谈判力就越强。黄桂田和李正全(2003)认为，如果将企业看作由多个要素所有者为取得合作收益而结成的特别合约，那么各个要素所有者博弈企业的权益，其谈判势力的大小不在于他们各自所拥有的要素在性质上的特别之处，而在于供求量对比中显现出的各个要素的相对稀缺程度的高低。要素的相对稀缺程度决定着要素所有者谈判势力的大小，由此决定企业剩余索取权和剩余控制权的分配。

在企业中，如果一种人力资本比较稀缺的话，即使它是属于低层次的，照样可以因为对企业很重要而拥有较大的谈判力。以蓝领工人为例，一般情况下，他们在企业合作剩余分配中的谈判力是可以忽略不计的，但在现实中，某些蓝领工人可能掌握着对企业较为重要的特定技术或者技能，这种技术或技能在市场上极难找到其他供给者而且培养成本很高的话，企业往往就会考虑和这种类型的人力资本建立长期的牢固关系，这种

[①] 施密特海克, 李竹渝. 讨价还价实力：中德之间的实验研究[J]. 南开管理评论, 2006(2): 31-38.

资本(如某些技术精湛的高级技工)就具有了某种程度上的谈判力。一般而言,人力资本层次越高,培养的投资越大,在市场上越稀缺,其谈判力就越强。

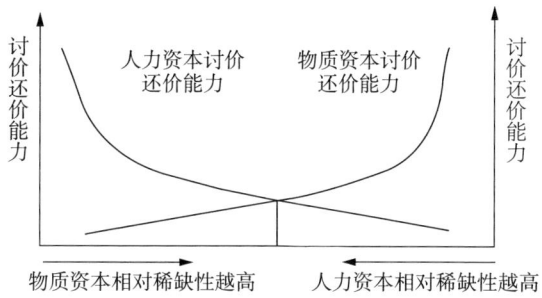

图 3-1 资源相对稀缺性所引起的讨价还价能力对比

3.4 行业的性质对人力资本谈判力的影响

按照要素构成的不同,经济生活中的常见行业可以分为劳动密集型、资本密集型和技术密集型三种类型。这些行业中的人力资本和物质资本在企业合作剩余分配谈判中的的谈判力存在较大差异。

3.4.1 劳动密集型行业与人力资本谈判力

劳动密集型行业是一个相对范畴,在不同的社会经济发展阶段有不同的标准。一般来说,劳动密集型行业主要指农业、林业、纺织、服装、玩具、皮革及家具等制造业。劳动密集型行业是指进行生产主要依靠大量使用劳动力,而对技术和设备的依赖程度较低的行业,其衡量标准是在生产成本中工资与设备折旧和研究开发支出相比所占比重较大。虽然在该行业物质资本处于相对稀缺地位,但在现实中通过大量使用劳动力来替代物质资本,有效地缓解了物质资本的不足。

对于劳动密集型行业,物质资本在人力资本与物质资本的博弈中处于主导地位,并享有企业的绝大部分利润。相比之下,人力资本基本上没有什么谈判力,仅可以获得工资收入。在这个行业中,物质资本几乎占有全部合作剩余是主流的分配方式。

3.4.2　资本密集型行业与人力资本谈判力

资本密集型行业又称资金密集型行业，是指需要较多资本投入的行业和部门，如冶金工业、石油工业和机械制造业等重工业。该行业的主要特点为：技术装备多、投资量大、容纳劳动力较少。在资本密集型行业，由于生产流水线主要以各种自动化设备组成，因而对一般的人力资本需求较少。该行业对技术和管理有着较高的要求，这使得部分人力资本凭借一定程度的专用性在合作剩余分配中获得部分份额。

在企业合作剩余分配方面，剩余索取权不会像在劳动密集型行业中那样几乎被物质资本独享，技术人力资本和企业家人力资本也将享有部分剩余索取权。

3.4.3　技术密集型行业与人力资本谈判力

技术密集型行业（technology-intensive industry）又称知识密集型行业，是指需用复杂先进和尖端的科学技术才能进行工作的生产部门和服务部门。该行业的技术密集程度往往同各行业部门或企业的机械化和自动化程度成正比，而同各行业、部门或企业所用手工操作人数成反比。该行业具有以下特点：设备、生产工艺建立在先进的科学技术基础上，资源消耗低；科技人员在职工中所占比重较大，劳动生产率高；产品技术性能复杂，更新换代迅速。在技术密集型行业，技术开发对行业发展具有决定性意义，因而对人力资本有着较高的要求。人力资本对企业的贡献也比较大，在分配合作剩余时占据相当重要的地位。

与其他行业相比，技术密集型行业是人力资本获得的企业合作剩余比例相对较大的行业，劳动密集型行业中人力资本分得的企业合作剩余份额最小。这主要是因为企业类型不同，人力资本的质量和数量的需求程度不同。只有在对人力资本依赖程度比较高的行业中，人力资本在企业合作剩余博弈中才有较强的谈判力，这为不同类型的企业中人力资本在企业合作剩余分配博弈中的份额会存在如此之大的差异提供了一个合理的解释。

3.5 企业类型对人力资本谈判力的影响

现代社会存在众多企业类型，不同的企业类型对企业内部人力资本和物质资本的博弈有着较大的影响，并最终决定着企业剩余索取权和剩余控制权的归属。在不同的企业形态下，人力资本在企业合作剩余分配谈判中的谈判力存在较大差异。

3.5.1 古典企业与人力资本谈判力

正如革命导师马克思所言，资本的原始积累，决不是一首温情脉脉的田园诗，而是用血与火的文字写入世界编年史的。不过，在当时社会的生产力水平下，特别是劳动者作为自在的阶级，而非自为的阶级，尚未组织起来，因而在与资本的博弈中力量对比悬殊，明显处于劣势，这使资本选择了用皮鞭和棍棒维系资本社会的劳动关系的方式。

业主制企业和合伙制企业，是历史上最早出现的企业制度形式，这种企业的规模比较小，资本所有者通常也兼有管理者的身份。这类企业往往由单个或少数几个资本家所有，物质资本所有者和企业经营管理者通常合二为一，因而企业经营的唯一目标就是追求利润最大化。此外，这类企业内部的分工比较简单，不存在管理分工的层级体系。这种企业形态是在经营货币的银行不发达、经济的信用程度很低、资本密集型或资本—技术密集型的新产业还没形成的社会中产生的。

业主企业的这种特征极大地影响了企业内部人力资本与物质资本的关系。在这两类企业中，物质资本所有者和经营者的一致性导致其在与人力资本的博弈中处于绝对优势地位，人力资本很难在企业合作剩余谈判中具有影响力。除此之外，较小的企业规模和简单的分工也使外部经营管理型人力资本难以发挥作用，这就导致资本所有者在企业合作剩余分配上具有绝对优势的谈判力，在双方以谈判力为基础的博弈中，人力资本几乎很难参与企业剩余收益的分配。

3.5.2 公司制企业与人力资本谈判力

以有限责任和合伙制为原则组建的公司制企业和之前的古典企业相比

具有如下差异：公司制企业所有权与经营权分离，作为企业所有者的物质资本所有者成为股东，一般不参与企业的具体经营，企业的实际控制权掌握在职业经理人手中，职业经理人负责具体的经营管理；公司制企业经营规模较大，管理体系相对较为复杂，一般具有各级管理者分工的层级管理体系，人力资本的管理才能得以充分发挥；由于企业的具体经营由职业经理人负责，企业经营战略等也由其制定，企业的目标函数会发生变化，在一定程度上与古典企业利润最大化偏离。

公司制企业的以上特征对企业内部人力资本与物质资本的关系影响很大，双方的博弈地位发生了改变，人力资本开始分享企业剩余索取权。公司制企业庞大的规模和复杂的管理使物质资本所有者将经营权授予职业经理人，为人力资本发挥作用提供了制度和权力空间。由于经营者的管理决策水平与企业的成败密切相关，物质资本出于激励人力资本和减少代理成本的需要，不得不允许其分享一部分企业剩余收益。此外，在公司制企业中，人力资本特别是企业家人力资本获得了经营管理权和控制权，企业家人力资本以这些权力为支撑，引领人力资本参与企业剩余索取权的分享。

3.5.3 知识型企业与人力资本谈判力

知识型企业这一概念是伴随着知识经济概念的提出而被提出的。知识型企业是指运用新知识、新技术创造高附加值产品的企业；进行企业知识管理、重视创新研发和学习的企业；以知识产权战略和知识发展战略及知识运营作为主要发展战略的企业；以知识服务为导向，充分利用和组合国际国内现有成熟技术和管理工具，通过知识服务、创新和各种经营模式达到高附加值的知识产业，创造高附加值的产品和品牌及重视无形资产的企业；以高新技术和现代服务咨询业等知识产业为重点发展的企业。现代管理学大师 Peter F. Drucker(1995)认为，以知识为基础的企业组织，虽然也在生产和制造着产品，但其组织形态和整个商业模式都将发生巨大变革，企业组织将更倾向于采用专家型的结构，"这些专家根据来自同事、客户和上级的大量信息，自主决策、自我管理"，"传统部门的职责将发生巨大变化，主要负责标准维护、人员培训和工作分配，而不具体处理事务"。

在知识经济时代，生产活动越来越脱离工业经济时代的机器设备，知识成为生产和交易活动的主导者。同时，在企业内部，由于知识的创造活动依赖于企业内部人员的主动性和创造性，员工的自觉对企业绩效十分重要，而具有创造性的人力资本从技术角度而言难以监督，这就使得人力资本所有者在企业合作剩余谈判中的地位不断得到提升。随着社会文明程度的提高，知识经济时代的工会组织实力日益强大，这显然有利于人力资本所有者谈判力的增强。由于社会财富在知识经济时代已经极大丰富，资本市场也基本发育成熟，资本的稀缺性已经开始逐步降低，因而资本所有者在企业剩余分配谈判中的优势在逐步减少，其获得的剩余收益正趋于附加风险贴水的债券利息。

通过对古典企业、公司制企业和知识型企业三种主要类型企业内部人力资本与物质资本之间关系的分析，我们可以得出以下结论：就人力资本在企业合作剩余谈判中的谈判力而言，业主企业和合伙制企业这两类古典企业的谈判力很弱或者说几乎没有，公司制企业的谈判力逐渐增强，知识型企业中的人力资本真正具有了和物质资本平等谈判的权利。

3.6 企业不同发展阶段对人力资本谈判力的影响

从时间上来看，由于企业成长的各个阶段对物质资本和人力资本的需求不同，其力量对比是一个动态的变化过程，这就导致人力资本在企业成长的各个阶段具有不同的谈判能力。从企业生命周期理论来看，企业可以分为四个阶段：初创阶段、成长阶段、成熟阶段和衰落阶段。

3.6.1 初创阶段

企业在初创阶段，各项事业都处于开创时期，需要大量的物质资本进行运作，虽然对人力资本也有较大的需求，但相比之下，不及对物质资本那么迫切，企业的运作几乎完全依靠物质资本来支撑。因此，在这个阶段，物质资本在合作剩余谈判中占据优势，除了高新技术企业人力资本还有可能分享一些企业合作剩余之外，一般企业人力资本很难参与企业收益分配。

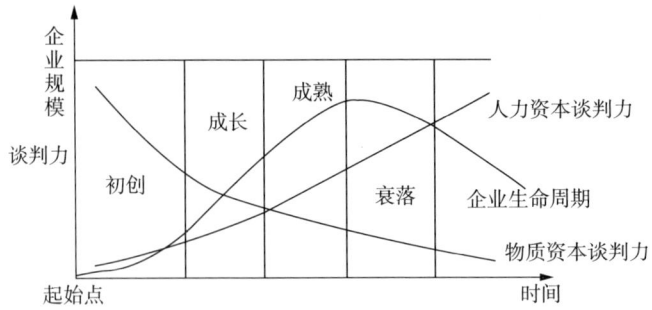

图 3-2　企业生命周期与人力资本谈判力关系

3.6.2　成长阶段

在这一阶段，企业的各种生产经营活动已经基本步入正轨，但由于此阶段企业现金流量大，传统的工资、奖金等手段对人力资本的激励已经相当有效，人力资本的能力得到一定程度的重视，但分享企业合作剩余还不常见，而其所拥有的谈判力开始增大。

3.6.3　成熟阶段

在这一阶段，企业产品生产工艺逐渐完善，销售规模也迅速扩大，规模经济效应逐步呈现。企业的初始投资已经基本收回，进入纯利阶段。企业自身的发展已经足够提供发展所需要的资金，融资渠道开始变得多样化。因而，在这一阶段，物质资本的谈判力受到一定程度的削弱，人力资本开始获得企业经营管理权，谈判力大为增强。

3.6.4　衰落阶段

这一阶段，企业生产开始萎缩，市场开始不景气，人力资本在失业压力下谈判力下降，企业转型对资金的需求增加，物质资本的重要性开始变大，谈判力有所增强。

3.7　人力资本谈判力的动态性和层次性

从历史的角度来看，影响人力资本谈判力的外部因素都处在不停的变化之中，具有动态性。在经济发展的不同时期，社会分工的水平和层次不同，这就造成各类资源在整个社会分工体系中的地位差异很大。实际上，稀缺性并非造成资源谈判力的唯一条件，在某些社会分工环境下，某种资源可能具有较强的谈判力，但种种原因导致其没有被纳入社会分工体系或者社会分工水平还比较低没有发展到这个阶段，因而这种资源所具有的潜在经济价值暂时无法被利用和开发，此时稀缺性就无助于增强该种资源的谈判力。以企业家才能为例，它显然属于稀缺资源，但在古典企业中，企业为所有者直接经营，这种经营才能的谈判力就很低。随着科学技术水平的提高，人们可能会开发出一系列新的替代品，进而影响资源的稀缺性，从而导致谈判力变化，影响该资源在企业合作剩余分配中的份额。知识型企业中的技术性人力资本所具有的专用性是特定技术和市场条件的产物，一旦发生大的技术进步，就完全有可能使技术淘汰或贬值，专用性价值大大减小。此外，谈判技巧随人力资本和物质资本经验的积累不断变化，具有同样的动态性。从外部环境来看，企业所在行业本身也具有生命周期的特点，在行业发展的不同阶段，其管理风格和治理结构也随时间不断发生变化，使人力资本和物质资本的谈判力对比也出现动态变化。综上所述，由人力资本和物质资本谈判力所决定的企业合作剩余分配也必然具有动态性和层次性。

第 4 章
CHAPTER 4

非对称信息和资产专用性条件下知识型企业人力资本讨价还价能力博弈分析

4.1 非对称信息条件下知识型企业人力资本讨价还价能力博弈分析

4.1.1 非对称信息与讨价还价

市场上讨价还价是常见的经济现象,但对于究竟是什么原因决定这种讨价还价行为,学者们的观点一直存在分歧。一种观点认为,"生活在社会中的各方行为人有共同的利益,要寻求合作,但他们对于如何合作以及分配利益存在分歧,这就导致了讨价还价行为的出现。"还有一些观点认为,"经营者希望抬高商品价格,消费者希望买到便宜商品,于是就产生了讨价还价行为。"这些解释听起来都有一定道理,并且容易为大众所接受,但是它们却很难经得起理论上的推敲。实际上,人们通过讨价还价无非是要获取一些有关商品的信息。一个商人出售某种商品,底价是50元,但他可能要价80元,甚至100元以上。消费者当然希望能够以比较低的价格购买到这种商品,可是这个价格不能低于对方的底线。事实上,双方都无法知道对方的底线在什么地方,都在刻意隐藏一些信息。于是,他们希望通过讨价还价的方式来获取一些信息,从而在价格谈判中成为有利的一方。如果卖方知道买方能给出的价格上限是100元,那么即使他的底价是50元,他也会尽可能地以略微低于100元的价格把商品卖出去。可见,在信息不对称的情况下,谁能更多地获取对方的信息,谁就越容易实现个人利益最大化。

市场上产生讨价还价现象的真正原因并不是分配利益有分歧、商人贪婪或者消费者贪得无厌,而是任何一方都故意隐瞒信息而导致的信息不对称现象。所谓信息不对称(asymmetric information),指的是某些参与人在信息的获取上和另外一些参与人相比处于优势地位。这些非对称信息的内容包括参与人的行动策略和知识等。如果参与人的行动不可观测,就称为隐藏行动模型(actions)，如果参与人的知识不可观测，就称为隐藏知识模型或隐藏信息模型。非对称信息的类型不同，会导致双方的博弈类型不同，进而导致双方在博弈过程中的地位和谈判力也不同。

就来源而言，非对称性的信息可能存在极大的差异，有些是由于先天的某种条件而获得，有些是通过后天专业化的教育和培训逐渐积累起来的。但不管来源如何，拥有信息优势的谈判者在谈判中都会处于相对有利的地位，从而在实现谈判目标的过程中拥有较大的谈判力。信息不对称现象往往使享有充分信息的"内部人"在谈判中占有有利地位，这在一定程度上增强了其潜在的谈判实力。在沈阳甚至出现了专门的"砍价"公司，它们利用自身对某些行业价格内幕信息的熟悉和由此产生的谈判优势，专门为相对处于劣势地位的顾客提供砍价服务，以此来赚取酬劳。①

4.1.2 讨价还价过程中信息的公开

讨价还价过程中信息的公开，可以分为两个阶段：信息交换阶段和讨价还价阶段。在讨价还价过程中，双方在有效区间内不断地进行信息交换。对于讨价还价过程中一方的真实信息，另一方永远无法彻底知道，只可能是一种不断修正的预期信息，即一方通过在每次讨价还价中对方泄露的部分信息对自己的预测进行修正，使其越来越接近于真实状态。在这种情况下，一方对对方真实信息的了解程度只能用其对另一方的预期信息和客观存在的真实信息之间的相对接近程度来衡量。

4.1.2.1 信息交换阶段

在信息交换阶段，双方通过讨价还价进行信息交换的真正目的，是为了形成一个双方均可以接受的稳定的预期讨价还价区间。在讨价还价开始之前，买卖双方对于对方可接受价格的区间实际上已经有了一个预期，讨价还价过程中双方不断地出价和还价不过是对这个区间上下界的猜测和确认。② 中国有句古话，"漫天要价，就地还钱"，实际上说的就是这个道理。

---

① 资料来源：全国首家砍价公司在沈阳注册，人民网，2004年3月4日. http://unn.people.com.cn/GB/14748/2380507.html.

② 敬震海. 讨价还价中区间边界与过程的分析[D]. 重庆大学，2003.

在讨价还价信息交换过程中，如果双方认为彼此预期存在共同部分，就继续以共同部分为上下限继续进行讨价还价，通过不断地讨价还价来缩小这个区间，直至最后成交。如果双方预期差距很大，一开始就没有共同部分，买方心理上可以给出的最高价很低，而卖方心理上要价的预期最低值很高，双方没有交集，则谈判就没有必要进行，直接结束讨价还价。当双方价格预期存在交集，即有共同部分时，双方均存在动机继续讨价还价以至最终成交，这时就进入了讨价还价阶段。

信息交换阶段是买卖双方在内心判断是否存在交易可能性的一个试探性信息交流过程，这种初步的认识可能来自双方见面后在内心进行的一种猜测，也可能是双方在相互问讯后产生的认知。总之，一旦双方都知道有可能进行交易并打算进行交易，双方就进入了信息交换阶段。在这个阶段，买卖双方的信息交换主要以"问价—出价—还价—出价"的形式反复进行。通常在交易之前，买卖双方都会尽可能多的了解有关商品的信息，然后再问价，尽可能避免或扭转自己对商品信息的不对称局面，以便做到心中有数，在价格谈判中获取更大的收益。但在信息来源方面，自己通过各种渠道了解和掌握的信息仅能作为参考，最重要的信息来源则是对方的报价。我们以买方先问价为例，这也符合日常生活的交易习惯。卖方在报价时不仅需要给出一个对自己有利的价格，还要给出支持这个价格的理由，也就是向对方传递价格的构成信息，如商品在市场上供不应求或者质量上乘等，以此来说服对方接受这个价格。当然，这些信息的全面性和真伪都有待证实。古话说的"无商不奸"就是指这类信息中虚构的部分往往偏多。对买方而言，得到报价之后，他们会与自己掌握的参考价格相比较，同时判断对方给出信息的真伪程度，以此作为自己还价的依据。如果发现可能的成交价格不在自己可以接受的范围之内，买方就会停止谈判，或者根据卖方传递的信息提高自己的出价，也可能根据自己所掌握的信息给出一个自认为合理的价格，同时预测讨价还价结果，进入下一轮报价过程。总之，通过卖方和买方周而复始的"报价—还价"循环过程，双方最终会形成一个由双方信息支持的稳定的共同价格区间。事实上，当双方的信息交换阶段进行到市场信息、产品信息和交易者信息等外界因素无法影响双方的报价和还价时，信息交换阶段也就结束了，进入到下一个阶段，也就是讨价还价阶段。

图 4-1 双方的共同价格区间

4.1.2.2 讨价还价阶段

双方在讨价还价阶段，由于之前已经通过信息交换过程形成了一个稳定的共同价格区间，并且双方都已经再无信息可以交换，彼此已经充分了解了对方的信息，这个由双方信念形成的区间已经不可能通过新的信息出现而改变时，也就是信息交换实现帕累托最优状态之时，谈判力就开始发挥作用。实际上，双方在信息交换完成时所形成的共同区间可以看作鲁宾斯坦分蛋糕模型中的那块蛋糕，双方的谈判力决定了他们可以在这块蛋糕中分得多大的份额。买卖双方均利用自己的谈判力迫使对方在价格谈判中做出让步，希望最终得到一个均衡的成交价格。在这个过程中，谈判双方对蛋糕的分割完全依赖于自己的谈判力，并将拒绝一切小于自身应得份额的提议，直至最终得到的份额与自身的谈判力相吻合为止。

4.1.3 知识型企业中的信息不对称

在知识型企业中，人力资本对自身所拥有的专利技术和管理团队能力拥有信息优势，但为了争取与物质资本的合作，人力资本会故意隐瞒对吸引物质资本不利的有关信息，如技术的市场潜力、产品的换代能力和市场竞争程度等。与专业人力资本相比，物质资本所有者获得的信息先天不足，只能凭借人力资本提供的有限信息和不确定信息对企业合作前景做出预测和判断，在信息获取方面处于劣势地位。此外，物质资本在对合作项目进行可行性评估时也存在故意保密甚至故意传递虚假信息、有意贬低人力资本的技术和管理能力以便在后续的合作剩余谈判中取得有利地位的动机，使人力资本难以把握其真实意向。因此，在人力资本和物质资本合作创造企业剩余时，双方之间的信息是不对称的。Wright 和 Robbie(1998)发现，高度的信息不对称可能就是导致很多后来很成功的企业一开始会被风险投资拒绝和只有很少量的风险投资进行早期创业投资的原因。这种信息不对称问题在技术型企业中尤为突出，因为它们的创业者大都具有相当强的专业技能，风险投资家很难对这种技能进行准确的评估。

此外，在知识型企业中，人力资本和物质资本处于一个信息高度不对称的环境中。比如，人力资本所有者所拥有的各种创意、技术或专利等多为无形的知识和信息，在双方合作前，物质资本无法了解其具体内容和功效，属于只有在双方合作之后通过使用才能准确评价其效用的经验产品。知识和信息这种经验产品一旦使用之后，对购买者而言，其效用将急剧降低甚至为零。基于这种情况，拥有这类技术进行创业的人力资本所有者在合作之前需要对自己的特殊知识和信息进行保密，因为一旦泄露，其价值将大打折扣，所以才可能造成物质资本所有者几乎没有任何关于其真实的相关信息的严重信息不对称现象。对物质资本所有者而言，其内心打算给予人力资本所有者的合作剩余分配比例通常也是保密的，以免在讨价还价过程中处于不利地位。

4.1.4 信息不对称条件下讨价还价博弈模型的构建

知识型企业是人力资本与物质资本的合作契约，双方合作剩余的分配是一个人力资本与物质资本博弈的过程，是在缔约前后的谈判过程中讨价还价形成的，博弈的结果取决于双方谈判力的对比，而信息结构则会对双方的谈判力产生至关重要的影响，因而有必要对此进行研究和探讨。

在不完全信息讨价还价博弈模型的构建和应用方面，最近几年取得了一些新的进展。陈博和王苏生（2009）运用讨价还价和双向拍卖博弈模型对知识型企业并购的合理定价过程进行了分析，得出在不完全信息条件下双方在总剩余中的分配比例将取决于信任关系和知识距离的大小，并通过博弈机制分析得出让并购双方说出对目标知识资产真实估值的直接机制。向钢华和王永县（2008）将战争威慑理论中的相互威慑看作一种讨价还价过程，他们将不完全信息引入相互威慑讨价还价之中，探讨了相互威慑中博弈双方单边不完全信息和双边不完全信息条件下的威慑可信性与冲突可能性，解决了鲁宾斯坦经典讨价还价模型无法直接用于相互威慑讨价还价研究的问题。姜晖和王浣尘（2008）针对目前应用博弈论对价格谈判所进行的研究大多集中于讨价还价问题，而关于报价问题的研究往往依靠定性分析的不足，建立了一个关于报价策略的三阶段不完全信息动态博弈模型，并通过求解证明：在谈判双方信息对称的条件下，无论对买方还是卖方来说，"抢先报价"都是占优策略。在买卖双方都采取"抢先报价"策略时，报价顺序博弈的结果具有不确定性。在现实中，买卖双方往往会通过各种其他手段来达到抢先报价的目的。王勇和韩平（2008）利用不完全信息双边讨价还价博弈得出了 4PL 企业承接物流作业的价格，分析了价格的影响因素和 4PL 企业与生产企业达成交易的条件。

之前的模型研究虽然从不同的角度讨论了讨价还价双方之间的博弈，但研究者忽略了对讨价还价过程的分析，即在很多情况下，讨价还价双方在谈判过程中存在显著的信息不对称现象，彼此心理预期的讨价还价目标值不为对方所知，双方仅仅根据行业惯例或者以往的经验知道一个大致的讨价还价区间。每一轮讨价还价谈判中，双方都会向对方传递自身目标区间的信息，当双方目标区间相交时，就结束谈判实现共赢。

本章假设人力资本和物质资本在讨价还价过程中具有学习能力，能通过相互之间的出价和还价改善自身的信息不对称程度，从不完全信息的角度来分析人力资本和物质资本之间的讨价还价博弈，构建人力资本和物质资本关于合作剩余分配的不完全信息轮流出价的讨价还价博弈模型，求解模型并对所得的结果进行分析。本书的模型及其结论同样适用于类似的其他主体之间的谈判博弈。

4.1.4.1 博弈问题的描述

设双方合作时创造的总合作剩余为 π，ν_A 为人力资本对自己合作剩余分配比例的心理预期值，ν_B 为物质资本对自己合作剩余分配比例的预期值，假定双方的预期是理性的，以上暗含 $\nu_A + \nu_B \leq 1$，即双方都意识到预期的合作剩余分配比例之和超过 100% 是不可能的，ν_A 和 ν_B 为人力资本和物质资本的私人信息。人力资本预计自己合作剩余分配比例的心理预期值 ν_A 服从 $[a, b]$ 区间上的均匀分布，物质资本也同样预计己方合作剩余分配比例的心理预期值 ν_B 服从 $[a, b]$ 区间上的均匀分布，$0 \leq a \leq 1$，$0 \leq b \leq 1$，且有 $a \leq b$。其现实意义为，在分析中设人力资本和物质资本在轮流出价过程中具有学习能力，这意味着在博弈过程中，双方可以依据博弈对手的每一次出价和行为信息，不断改变对博弈对手所要求的合作剩余分配比例预期的估计。比如，如果人力资本在第一阶段出价 v_A^e，物质资本则会修正他对 v_A 的初始估计，认为 v_A 服从 $[a, v_A^e]$ 区间上的均匀分布。

4.1.4.2 讨价还价博弈模型的构建

我们先研究具体的讨价还价博弈过程。人力资本和物质资本轮流出价，在第一阶段，人力资本出价要求得到 v_A^1 的合作剩余分配比例，物质资本可以选择接受或者拒绝。如果物质资本接受出价，则博弈结束，人力资本得到 v_A^1 合作剩余分配比例，物质资本得到 $(1-v_A^1)$ 比例股权，双方得自讨价还价过程的收益为 $[(v_A^1-v_A)\pi, (1-v_A^1-v_B)\pi]$。其中，$v_A$ 为谈判开始前人力资本对自己合作剩余分配比例的心理预期值，v_B 为谈判开始前物质资本对自己合作剩余分配比例的预期值。

若物质资本拒绝，则博弈加入第二阶段。此时，物质资本出价要求得到 v_B^1 的合作剩余分配比例，人力资本可以选择接受或者拒绝。若人力资本接受，则谈判结束。设存在时间贴现因子 σ_A，σ_B，$0 \leq \sigma_A \leq 1$，$0 \leq \sigma_B \leq 1$，实际意义为讨价还价过程的时间机会成本，此时双方得自讨价还价过程的收益为 $[\sigma_A(1-v_B^1-v_A)\pi, (v_B^1-v_B)\pi]$。若人力资本拒绝物质资本的出价要求，则进入第三阶段，依此类推。

假设博弈进行了 n 阶段。若 n 为偶数，则第 n 阶段由物质资本出价 $v_B^{\frac{n}{2}}$，并且不管人力资本拒绝还是接受出价，双方博弈将在此阶段结束。如果人力资本接受出价，则物质资本得自讨价还价过程的收益为 $\sigma_B^{n-1}\left(v_B^{\frac{n}{2}}-v_B\right)\pi$，人力资本得自讨价还价过程的收益为 $\sigma_A^{n-1}\left(1-v_B^{\frac{n}{2}}-v_A\right)\pi$；如果人力资本拒绝，双方谈判失败，双方得自讨价还价过程的收益均为 0。若 n 为奇数，则第 n 阶段由人力资本出价 $v_A^{\frac{n+1}{2}}$，并且不管物质资本拒绝还是接受出价，双方博弈将在此阶段结束。如果物质资本接受出价，则人力资本得自讨价还价过程的收益为 $\sigma_A^{n-1}\left(v_A^{\frac{n+1}{2}}-v_A\right)\pi$，物质资本得自讨价还价过程的收益为 $\sigma_B^{n-1}\left(1-v_A^{\frac{n+1}{2}}-v_B\right)\pi$；如果物质资本拒绝出价，双方谈判失败，双方得自讨价还价过程的收益均为0。

以上过程可以用博弈树表示，如图4-2所示。

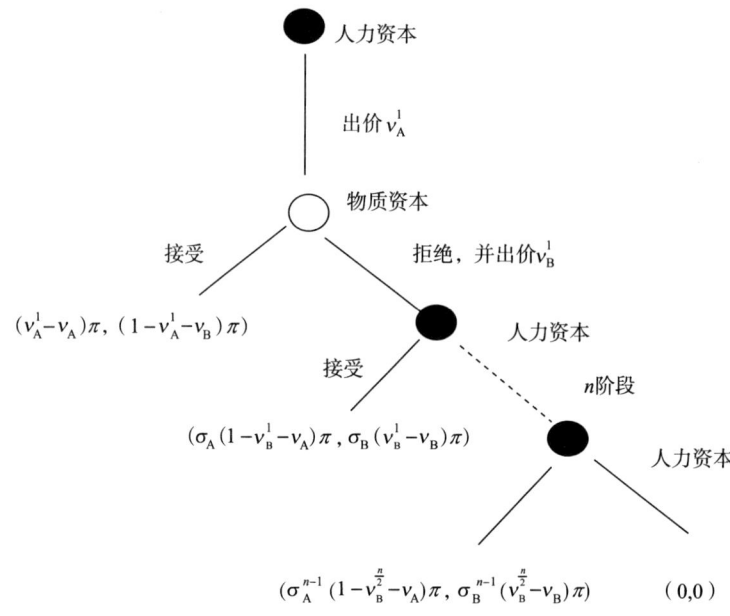

图4-2　n阶段博弈树（n为偶数）

4.1.4.3　讨价还价模型的求解

对于以上模型，为了简单起见，我们只对人力资本先出价的第2阶段讨价还价博弈用逆向归纳法进行求解。接下来，我们分析一下第2阶段博弈双方的理性策略。

先看第2阶段人力资本的选择。对人力资本而言，因为这是最后的机会，博弈即将结束，如果拒绝则所得收益为0，因此，只要$1-v_B^1-v_A>0$，人力资本就一定会选择接受，此时人力资本得自讨价还价过程的收益为$\sigma_A(1-v_B^1-v_A)\pi$。

再分析第2阶段物质资本的出价情况。首先，对物质资本而言，它了解人力资本在这一阶段的策略选择，即人力资本以$1-v_B^1-v_A>0$是否成立作为自己选择的底线。其次，物质资本此时判断人力资本预期的合作剩余分配比例服从区间上的均匀分布。因此，物质资本选择出价v_B^1，以使自己的期望利润最大化，即

$$\max\left[\sigma_B(\nu_B^1 - \nu_B)\pi P_{ta} + 0 \times P_{tr}\right] \tag{4.1}$$

其中，P_{ta} 和 P_{tr} 分别为人力资本接受和拒绝 ν_B^1 的概率，则有

$$P_{ta} = p\{\nu_B^1 \geq \nu_A\}, \quad P_{tr} = p\{\nu_B^1 < \nu_A\} \tag{4.2}$$

根据物质资本对人力资本所要求的合作剩余分配比例预期的判断，有

$$P_{ta} = p\{\nu_B^1 \geq \nu_A\} = \frac{\nu_B^1 - a}{\nu_A^1 - a} \tag{4.3}$$

$$P_{tr} = p\{\nu_B^1 < \nu_A\} = \frac{\nu_A^1 - \nu_B^1}{\nu_A^1 - a} \tag{4.4}$$

将以上等式代入

$$\max_{\nu_B^1}\left[\sigma_B(\nu_B^1 - \nu_B)\pi P_{ta}\right] \tag{4.5}$$

得到

$$\max_{\nu_B^1}\left[\sigma_B(\nu_{1B} - \nu_B)\pi \frac{\nu_B^1 - a}{\nu_A^1 - a}\right] \tag{4.6}$$

对 ν_B^1 求导，得到在最大化条件下

$$\nu_B^1 = \frac{a + \nu_B}{2} \tag{4.7}$$

我们再考虑第 1 阶段的情形。由于物质资本已经意识到如果双方的谈判进行到第 2 阶段，他能够得到的最大收益为 $\left[\sigma_A\left(\dfrac{a - \nu_B}{2}\right)\pi\right]$，因此，在第 1 阶段他选择接受 ν_B^1 的条件为所得到的收益大于第 2 阶段的收益，即

$$\sigma_A\left(\frac{a - \nu_B}{2}\right)\pi < (1 - \nu_A^1 - \nu_B)\pi \tag{4.8}$$

由此可以得出

$$\nu_B > \frac{\sigma_B a - 2 + 2\nu_A^1}{\sigma - 2} \tag{4.9}$$

人力资本在得到关于物质资本各个阶段的理性策略的信息后，出于理性经济人假设，将会选择 ν_A^1，以使自身的期望收益最大化，即

$$\max_{\nu_A^1}\left[(\nu_A^1 - \nu_A)\pi P_{ca} + \sigma_A\left(1 - \nu_A - \frac{a + \nu_B}{2}\right)P_{cr}\right] \tag{4.10}$$

其中，P_{ca} 表示物质资本在第 1 阶段接受 ν_A^1 的概率，即

$$P_{ca}=p\left\{\nu_B\geqslant\frac{\sigma_A a-2+2\nu_A^1}{\sigma_A-2}\right\}=\frac{b\sigma_A-2b-\sigma_A a+2-2\nu_A^1}{(\sigma_A-2)(b-a)} \quad (4.11)$$

P_{cr} 表示物质资本在第 1 阶段拒绝但在第 2 阶段接受的概率，即

$$P_{cr}=p\left\{\nu_B<\frac{\sigma_B a-2+2\nu_A^1}{\sigma_A-2}\right\}\times\frac{\nu_B^1-a}{\nu_A^1-a}=\frac{2\nu_A^1+2a-2}{(\sigma_B-2)(b-a)}\times\frac{\nu_B^1-a}{\nu_A^1-a}$$
$$(4.12)$$

将上述条件代入人力资本的期望收益最大化式中，可得

$$\max_{\nu_A^1}\left[(\nu_A^1-\nu_A)\pi\frac{b\sigma_A-2b-\sigma_A a+2-2\nu_A^1}{(\sigma_A-2)(b-a)}+\right.$$
$$\left.\sigma_A\left(1-\nu_A-\frac{a+\nu_B}{2}\right)\frac{2\nu_A^1+2a-2}{(\sigma_B-2)(b-a)}\times\frac{\nu_B^1-a}{\nu_A^1-a}\right] \quad (4.13)$$

由于 $\nu_A+\nu_B\leqslant 1$，$a\leqslant\nu_A\leqslant b$，$a\leqslant\nu_B\leqslant b$，可得使上式最大化的

$$\nu_A^1=\frac{2b+2\nu_A-b\sigma_B+\sigma_B a+\sigma_A\nu_B+\sigma_A a-2\sigma_A\nu_A}{4} \quad (4.14)$$

从上式我们可以得到，对于人力资本，首先出价的不完全信息条件下的第 2 阶段讨价还价博弈，其均衡为：

（1）人力资本第 1 阶段先出价为

$$\nu_A^1=\frac{2b+2\nu_A-b\sigma_B+\sigma_B a+\sigma_A\nu_B+\sigma_A a-2\sigma_A\nu_A}{4} \quad (4.15)$$

（2）当满足 $\nu_B>\frac{\sigma_A a-2+2\nu_A^1}{\sigma_B-2}$ 时，物质资本接受人力资本的出价 ν_A^1，否则拒绝。

（3）物质资本对人力资本提出的合作剩余分配比例为服从 $[a,\nu_A^1]$ 上的均匀分布。若第 1 阶段物质资本拒绝，则第 2 阶段物质资本出价 $\nu_B^1=\frac{a+\nu_B}{2}$。

（4）如果人力资本对未来所得到的合作剩余分配比例的预期 ν_A 小于或等于 ν_A^1，人力资本接受物质资本提出的分配方案，否则拒绝。

4.1.4.4 博弈的实际应用——数值例子

我们将以上博弈模型的解应用于实际双方的谈判。以人力资本和物质资本的谈判为例，假设人力资本认为物质资本在合作剩余分配中的份额不可能高于 0.8，而物质资本认为自己在合作剩余分配中的份额不可能低于

0.2。于是，双方对于该项目的单方面认知的区间为[0.2, 0.8]，即
$$a = 0.2, \ b = 0.8$$

由于每进行一次合作剩余分配比例谈判，双方都要耗费大量的人力、物力和财力，我们假设每一轮谈判双方的贴现因子都为0.9，即
$$\sigma_A = \sigma_B = 0.9$$

对于企业合作剩余的分配比例，人力资本认为自己的剩余分配应得比例为0.4，低于该比例，与物质资本的合作就无法进行；物质资本认为自身应得合作剩余比例为0.7，人力资本应得分配比例为0.3，高于该比例，合作也无法达成，需要寻找其他合作伙伴，因此有
$$\nu_A = 0.4, \ \nu_B = 0.7$$

由上述分析可得到由人力资本先出价的均衡为：

(1) 人力资本第1阶段先出价为
$$\nu_A^1 = \frac{2b + 2\nu_A - b\sigma_B + \sigma_B a + \sigma_A \nu_B + \sigma_A a - 2\sigma_A \nu_A}{4} = 0.4875$$

(2) 当满足 $\nu_A^1 \leq 0.7$ 时，物质资本接受人力资本的出价 ν_A^1，否则拒绝，双方合作破裂。

(3) 物质资本对人力资本剩余分配比例的范围估计调整为服从区间 $[0.2, \nu_A^1]$ 上的均匀分布，如果第1阶段物质资本拒绝，第2阶段物质资本的出价 $\nu_B^1 = (0.7 + 0.2)/2 = 0.45$。

(4) 如果 $\nu_B^1 > 0.4$，人力资本接受，否则拒绝。

在现实中，一般双方的谈判不会进行很多次。研究表明，大多数这类谈判经过3~4轮就可以达成协议或者破裂，该模型可以很好地模拟这类谈判的过程。

4.1.5 结论与建议

从上面不完全信息条件下人力资本和物质资本讨价还价博弈的例子，我们可以得到以下结论。

4.1.5.1 谈判中的 σ 和 ν 的取值

通过对以上不完全信息条件下人力资本和物质资本的博弈分析，我们可以清楚地发现，在谈判过程中，双方的出价方式和出价高低，甚至最终

是否会达成彼此可以接受的企业合作剩余分配方案,都取决于双方各自的耐心程度 σ 和心理预期值 ν,因而对谈判对手心理预期值 ν 的判断和估计至关重要。首先,对物质资本而言,准确地估计出 ν_A 和 ν_B 的大小,以及双方的差值,就可以在谈判之前弄清楚谈判是否还有必要进行,以及双方谈判空间的大小。其次,准确地估计对方 ν 值在 [a, b] 中的分布信息并且不断地在谈判过程中使用已有信息进行修正,有利于谈判的顺利进行。对对手信息了解得越充分,所预期的 ν 值在 [a, b] 中的分布范围就越小,对方的底牌就摸得越清楚,谈判也就越容易接近双方均可以接受的均衡点,从而避免双方在谈判过程中由于拖延过多而造成企业合作收益减少。

因此,双方在谈判开始之前和谈判过程中都需要不断地进行相关信息的搜集,这些工作既包括事先的调研,又包括在谈判过程中双方所透漏信息的汇总。总之,这样做的目的是通过对 ν 值的合理估计,为谈判过程中的出价提供决策参考。

4.1.5.2 谈判中的出价顺序和谈判期限

现实生活中我们所见到的谈判的出价顺序往往是随机的,谁先出价并不十分重要,更为常见的情形是双方谁都不愿意先出价,因为这样做就意味着置自身于不利的地位——一旦先出价,不仅限制了自己的谈判空间,而且向对手泄露了自己的价格信息,所以为了掩盖自身的真实意图,先出价者往往"漫天要价",以求泄露给对方的信息最小化。事实上,模型的分析结果也表明,谁先出价并不重要,关键是谁在最后阶段出价,即在 $t-1$ 阶段给出自己的报价。由于最后的 t 阶段是双方最后一次谈判机会,一方恰好在最后期限来临前的"最后一刻"给出自己的报价,则谈判对手将会陷入严重的不利境地——他要么别无选择,被迫接受该报价,即使该报价对他而言是十分不利的;要么干脆拒绝,这样的话双方将无法再进行谈判,谈判过程到此结束,双方都将获得零收益。

在现实谈判中,最后期限往往成为一方增强谈判力的秘密武器。双方都会通过各种途径来了解对方的最后期限,比如谈判后的返程时间,从而在谈判中占据有利地位。以企业合作剩余谈判为例,假定在 $t-1$ 阶段,物质资本提出双方各得 50% 的分配方案,人力资本选择拒绝,那么到了 t 阶段,人力资本即使提出严重不利于物质资本的极端方案(如人力资本得到

99%，物质资本得到 1%)，物质资本也有可能接受，因为"过了这个村，没有这个店"，过了最后期限，物质资本的所得将为零。当然，如果物质资本觉得对方的条件太苛刻损害了自己的尊严，拒绝也是有可能的。在谈判过程中，既要考虑利用最后期限尽可能地提高自己的收益，也不能过于苛刻而伤害了对方的尊严，尽量照顾对方的"面子"，才更容易达到目的。

从已有的谈判案例来看，知识型企业合作剩余谈判过程不可能无限制地拖延下去，至多 3~4 轮就会结束谈判。过多的患得患失可能使对方觉得难以合作而放弃。因此，对谈判者而言，最后期限应该得到足够的重视，应尽可能在谈判结束前的最后一刻给出自己的报价，以便为自己争取到更有利的合作剩余分配方案。

4.2 资产专用性与知识型企业人力资本谈判力博弈分析

4.2.1 资产专用性概念的提出

在现实生活中，很多付出的回报只能在有限的用途上显现出其较高的价值，这正是资产专用性的体现。对职业人士而言，很多投资都是在工作中付出的。由于这些投资是在特定的地域、特定的企业和特定的职业上付出的，它们往往具有专用性。当然，随着地域、企业和职业的不同，专用性程度并非一致，有的高些，有些低些。例如，在学校潜心搞纯理论研究且有较大成就的人所进行的投资就相当具有专用性，他们的投资用到其他用途就容易贬值，所以大学教授中很少有完全放弃教授职业到企业或政府中工作的。但是，对销售这个职业来说，专用性程度则要低得多。销售上的技能往往并不因为地域、企业或产品的变化而呈现出巨大的价值变动，因而现实中销售人员有着高于其他行业的跳槽率。

在经济学中，专用性资产是指用于特定用途以后，很难再移作他用的资产。专用性资产最为显著的特征是只能用于特定的用途，如果用于其他用途，则其创造的价值，可能降低，严重时甚至为零。专用性资产的专用性通常用该项资产被配置于其他替代用途时所损失的价值的程度来测度。由此可见，一项资产的专用性与其转移使用后的价值损失程度成正比，即损失程度越大，专用性越强；反之，专用性越弱（如图4-3所示）。在极端的情况下，如果损失程度为零，这种资产就会成为可以自由转换用途的通用性资产，从而不再具有专用性。

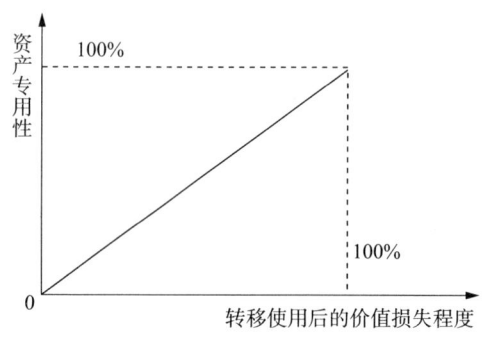

图4-3 资产专用性的测度

一般来说，具有高度专用性的资产改变其特定用途往往会造成极大的价值损失，甚至会完全损失其价值。专用性资产的这种特点使人面临着被"套牢"的风险。资产的专用性意味着改变投资用途将降低其价值，因而人们不会轻易改变投资用途。这种心理也产生了一种威胁——存在被别人以此要挟进而受剥削的可能。在一个存在专用性资产的企业里，尤其值得关注。

此外，近几年，中国钢铁企业在铁矿石谈判中屡屡失利，我们也可以从资产专用性的角度加以解释。自1981年开始，每年全球的铁矿石供应商和钢铁公司都会进行集体谈判，以确定下一财年的铁矿石价格。铁矿石供应商主要为巴西的淡水河谷、澳洲的力拓和必和必拓三大巨头。而铁矿石消费市场主要为亚洲和欧洲，前者以日本钢铁公司为代表，后者以德国钢铁公司为代表。近年来，中国的钢铁行业不断发展壮大。2003年，我国超过日本成为世界第一大铁矿石进口国，我国的钢铁公司也成为铁矿石谈判中的一支主力军。

在谈判中，铁矿石供应商正在逐渐打破40年来的长期协议价格，每年都会大幅提升价码，宝钢等国内大型钢铁企业每年都在承受涨价带来的成本压力，有人戏称铁矿石的价格飙升成为"疯狂的石头"，有人则夸张地表示国内钢铁公司正在被"谋杀"。三大铁矿石巨头之所以有如此强大的谈判力量，主要是因为铁矿石的地理分布使他们垄断了整个铁矿石开采行业，其他国家的钢铁公司只能从这三家手中购买铁矿石。钢铁公司的炼铁高炉等固定资产很难挪作他用，具有很高的资产专用性，而资产的专用性越强，其所有者在和其他人进行谈判时"筹码"也就越少。在这种情况下，国内钢铁公司在铁矿石谈判中屡屡失利便成为必然的结局。

4.2.2 人力资本专用性与谈判力

对人力资本资产专用性的认识起源于德国经济学家 Liszt（1841），他认为，在离开本专业以后，人们所具有的相关经验、习惯和技术等会因为不能用于新的工作岗位而损失。Marshall（1948）在《经济学原理》一书中表示，经验丰富的企业经营者和工人实际上是企业不可多得的专门财富，拥有这类专门资产的人将会与企业建立起更加稳固的关系。早期的其他一些经济学家在研究人力资本时也逐渐认识到资产的专用性问题。Jacob Marschak（1944）指出，像港口具有不可替代的独特性一样，生活中研究工作者、教师及管理人员由于具有某种专业技能或专用知识，在工作中具有相当程度的专用性。Benjamin Klein 于 1978 年在《法与经济学杂志》发表的"*Vertical integration、appropriable rents and the competitive contracting process*"一文中首次提出现代意义上的资产专用性问题。此后，Crawford 和 Alchian（1978）、Williamson 等（1979，1985）对该问题进行了进一步的诠释。而 Oliver Williamson（1932）在对交易成本理论的深入研究中发现，资产专用性可以以多种形式存在，如人力资本的专用性和物质资本的专用性。在此基础上，他概括出了资产专用性的五种常见类型：①场地专用性，指出于节约库存和运输成本的考虑，在选址布局上被人为密切排列的一系列交通设施和站点；②物质资源专用性，如专门设计制造的用来生产某零件所必需的单一用途模具；③人力资本专用性，指员工以"干中学"方式获得的某种特殊的技能或者知识；④专项资产，主要指专门根据客户的紧急要求特意进行的各类投资；⑤品牌资产专用性，主要包括通过营销等方式成立，可以带来额外收益的品牌和企业的商誉等。

专用性资产本身并不具有特殊的价值，只有当某种资产和某项特殊的用途结合在一起的时候，这种资产才是有价值的，否则它的价值基本上体现不出来，或者即使有价值，与为了获得这项资产所进行的投入相比，资产的所有者也是受损失的。资产的专用性越强，其所有者在和别人进行谈判时的"筹码"也就越少。Klein（2000）提出了可侵占性准租（appropiable quasi-rents）的概念，认为一旦投入专用性资产，事后产生的准租相当于流入了 Barzel（1997）所说的"公共域"（public domain），只要对方存在机会主义，那么事后准租就会被侵占，也就是说，专用性资产的投资者不能独享事后的准租，这就导致专用性资产的投资者无法保证自身在事后的谈判中享有足够份额的投资回报。Osterbeek（2003）以家庭生活为例，提出了具有说服力的案例。一个家庭在抚养小孩的问题上，就夫妻双方而言，大多数是妻子放弃工作做全职妈妈，照顾幼小的宝宝，这可被看作做出了一项专用性资产投资，尽管这项投资能增进夫妻关系的价值，但也会造成妻子由于收入的降低而在谈判地位上的弱化，丈夫可能依赖自己的高收入来增强自己的谈判能力，具体表现在家庭的"话事权"上，甚至表现在家庭暴力上，那么理性的妻子在预见到丈夫的这种机会主义行为时，就可能减少自身在抚养宝宝方面的投入，从而不完全放弃未产之前的高薪工作。牛德生（2004）指出，专用性人力资本的存在对雇员来说是一种束缚，会导致潜在的机会主义行为的增加，企业可能利用员工的人力资本专用性投资而欺诈雇员。[①] 此外，一些学者将人力资本专用性投资和谈判力直接联系起来，片面地认为人力资本专用性与谈判力之间存在正相关关系，人力资本专用性投资越多，人力资本的谈判力越强。Rajan G 和 L Zingales（2000）认为，个体通过带入生产过程中的有价值的关键资源，或人力资本所有者通过人力资本的专用性，获得对关键资源的控制。人力资本的专用性与分配组织合作剩余过程中的讨价还价能力密切相关，人力资本的专用性必须形成对关键性资源的控制，才能最大限度地获得组织剩余分配份额。刘萍、李柏洲等（2008）对公司的破产风险和员工事前人力资本投入之间的关系进行了

---

① 齐良书. 议价能力变化对家务劳动时间配置的影响——来自中国双收入家庭的经验证据[J]. 经济研究, 2005(9): 78-90.

研究，发现公司破产风险的增大必然导致员工采取机会主义行为，减少专用性人力资本的投资和增加一般性人力资本的投入。只有员工拥有对公司的控制的监督权时，情况才会发生逆转，这时，他们会加大公司专用性人力资本的投入，同时缩减在一般性人力资本上的投入。青木昌彦(1984)通过对日本企业制度的研究，认为企业作为一个组织产生的租金可以看作工人的专用性人力资本和物质资本联合生产的结果。凭借自身的专用性人力资本，工人可以与资本家展开谈判并获取组织租金的一部分，同时在谈判模型中引入"胆量"(boldness)，来反映当事人的"谈判力"(bargaining power)水平。

4.2.3 知识型企业人力资本专用性的影响因素

在市场经济条件下，企业的竞争可以归结为人才的竞争，拥有专用性技能的人才成为企业核心竞争力的重要组成部分。在以全球竞争为特征的知识经济时代，知识、技术以及管理等人力资本要素是企业发展的原动力，知识型企业作为第一位的支柱产业，其发展更加依赖于对人力资本的各种必要投资。在知识型企业中，影响员工进行自身人力资本专用性投资的因素可以归结为机会主义行为、企业因素和员工因素三个方面。

4.2.3.1 机会主义行为

在现实中，企业所有者与专用性人力资本之间的企业合约通常是不完全的。在企业合约中，双方往往缺乏有效的办法将在企业最终收益中对投入专用性投资的一方的实际努力程度和外部环境的影响明显的区分开来，因而存在这样一种可能——合约的一方会在事后拒绝向进行专用性投资的一方支付双方在合约中事先规定的报酬，理由是企业盈利应当归功于良好的外部环境而非对方的努力；对于进行专用性投资的一方，由于其对对方可能存在的"敲竹杠"行为有着理性的预期，因而事前会减少专用性投资。这在一定程度上会造成专用性投资不足的问题，从而给整个经济造成效率损失。用博弈论的专业术语来说，双边败德行为(double moral hazard)之所以会发生，是因为代理人和委托人之间存在严重的信息不对称现象，投资是代理人的隐藏行动，而产出是委托人的私有信息，因而代理人缺乏进行专用性投资的动机。此外，产出是委托人的私有信息，当产出实现时，委托人有动机隐瞒真实信息、故意少报部分产出来减少报酬成本、寻找各种借口不与员工分享投资后的利益所得或者干脆克扣员工的工资等。

4.2.3.2　企业因素

在现实经济中，由于行动与结果之间存在不确定性关系，导致企业内部的激励契约往往在一定程度上是不完备的。在通常的情况下，企业内激励契约考核的对象往往依据雇员的行动结果，而雇员的行动与结果之间的关系受不确定性影响很大。如果双方签订的劳务合同的期限较短，企业对员工进行专用性人力资本投资就会缺乏积极性，这可以归因为专用性人力资本与其天然载体人之间密不可分，当员工向企业提出离职时，企业对其进行的专业技术培训等专用性人力资本就会变成沉没成本无法收回。在员工高离职率的背景下，雇主和员工之间很难维持长久的雇佣关系，企业面临着投资损失风险等不确定因素。由于市场环境复杂多变，企业无法确定员工真实的有效生产率，因而在选用员工时只需雇佣通用性人力资本就可满足生产要求，而且支付的工资也较低，这在一定程度上降低了对员工实施专用性人力资本投资的积极性。

4.2.3.3　员工因素

事前的专用性人力资本投资和事后的专用性人力资本投资是最为常见的专用性人力资本投资形式。事前的专用性人力资本投资是指通过专业化的训练和教育所拥有的某一特定领域的专用性知识和技能；事后的专用性人力资本投资是指员工通过在岗培训或"干中学"所掌握的专用性知识和技能。员工获得人力资本的专用性往往要经历一个漫长的过程。为了达到人力资本专用性的要求，员工需要付出大量的时间和精力成本。因此，大部分员工不愿意放弃人力资本专用性方面的已有投资。

在知识型企业中，具有普通人力资本的员工经过特定培训与实践之后，对所在公司而言在一定程度上就具有了专用性人力资本，并与公司设备或其他相关资源之间形成一种依赖关系，其中任何一方中途退出都会给双方带来一定程度的资本价值损失。这也就意味着,如果物质资本所有者可以利用其优势地位,以解雇相威胁驳斥员工的加薪要求,员工有可能面临专用性人力资本投资价值丧失的风险。此外,人力资本的这种专用性特征同时构成了其退出企业的障碍。专用性人力资本价值的发挥,一方面依赖形成合作关系的物质资本,另一方面与公司团队的存在和其他团队成员的行为有关,失去所在企业的组织和环境,人力资本价值会受到一定程度的损失。从公司角度来看,如果员工得到的回报仅等于普通人力资本,他们很有可能会跳槽另谋他就,此时物质资本所有者就可能面临前期对人力资本的投入贬损的危险。因而,双方在合作中均倾向以各自"讨价还价"的优势地位在合作剩余分配中获取更多的份额。

人力资本是指个人通过教育培训等投资方式形成的包括体力、知识和能力的存量部分,是人力资源被开发出来并投入到经济活动中的部分。知识型企业的行业特点决定了其发展壮大主要依赖企业中的专业和创新型人力资本,而这与传统企业所拥有的人力资本存在很大的区别。专业和创新型人力资本往往具有较强的资产专用性,即员工在企业内部工作过程中,通过"干中学"等途径而积累的特殊知识。对知识型企业而言,专用性是人力资本最主要的特性。相关研究表明,专用性人力资本具有报酬递增的特性,能够给企业带来生产上的递增收益,并且可以使员工在一定程度上具有垄断势力。因而,知识型企业内人力资本专用性的增加使企业所有者与专用性人力资本所有者之间的合作剩余分配关系变得复杂。企业内专用性人力资本所有者的信息优势加大了双方信息的不对称,因而增加了专用性人力资本所有者的剩余索取权,以及企业所有者对它的监督成本,造成公司主雇双方不得不在合作剩余分配上进行"讨价还价"。

4.2.4 人力资本专用性条件下讨价还价博弈模型的构建

在知识型企业中,专用性人力资本所有者由于具有某种专有的不可或缺性,因而属于企业团队生产所不可或缺的资产,这种不可或缺性在一定程度上决定了人力资本的谈判力。对人力资本的专用性而言,其难以被替代和被其他团队成员所依赖的特性，使其所有者在某种程度上占据垄断地位，并且通过正式或非正式的谈判凭借这种地位分享企业的合作剩余。在达不到目的时，专用性人力资本所有者甚至可以通过退出团队生产来要挟企业中的其他成员实现自己的要求。在知识型企业中，专用性人力资本就是一种企业对其有较强依赖性的典型专有资源，且在企业运作中不可或缺。因此，知识型企业中的人力资本具备较强的谈判力，这在合作剩余分配上也得到了验证。正如英国著名学者巴泽尔的论断，"对资产平均收入影响倾向更大的一方，得到的剩余分配份额也应当更大"。

在与物质资本的合作中，由于人力资本具有较高的专用性，一旦被解雇，其在该企业中的专用性资产将会全部损失，此时，就只能利用一般性人力资本在其他企业工作而获得一部分收益。本书就此建立博弈模型，对人力资本和物质资本合作剩余分配份额与专用性投资的成本、收益和谈判力展开讨论，分析其内在联系。

人力资本专用性越高，意味着其流动性越差，风险也越大。作为专用性人力资本专用性载体的知识型员工，为了自身考虑，会降低其人力资本的风险性，一般会在进行专用性人力资本投资的同时，保持一定水平的通用性人力资本投资。这是因为，如果其人力资产专用性水平很高的话，就意味着其人力资产的流动性困难被变相锁定。因此，我们设人力资本中的一般性人力资本为 g，专用性资本为 f，其为人力资本形成付出的总成本之和为 $c(f, g)$，其中 $c'(f, g) > 0$，$c''(f, g) > 0$。人力资本所有者和物质资本合作失败，被解雇的风险为 θ，则此时人力资本所有者的期望收入为 $U = \theta_g + r(1-\theta)(f+g) - c(f, g)$。其中，$\theta_g$ 表示人力资本所有者一旦被解雇，其在该企业中的专用性资产 f 全部损失，此时，他只能利用一般性智力资本 g 得到在企业工作的收益；$(f+g)$ 为物质资本和人力资本的合作剩余，此时，假定在双方合作中物质资本有助于实现人力资本的价值，这也基本符合知识型企业的事实；r 表示在合作中人力资本的合作剩余分配比例。

4.2.4.1　合作剩余分配比例与人力资本专用性投资的数理分析

从人力资本的专用性来看，人力资本天然属于个人的特征，使其可以在发生产权残缺时，以完全不同于非人力资本的方式做出反应：立即自动贬值或将相应的人力资本"关闭"起来，就像这种资产从来就不存在，由此可见，人力资本经济价值的实现不能完全由购买了使用权和支配权的主体来决定，也就产生了对人力资本使用上激励的特殊重要性。正如周其仁（1995）所说的"非激励难以调度"，人力资本与非人力资本共同分享合作剩余分配权是企业激励人力资本的必然选择，人力资本和非人力资本可通过市场谈判达成合作剩余分配契约，实现在剩余索取权中的相互制衡。在合适的激励机制下，人力资本可以主动增加其专用性投资，充分发挥其最大价值。刘萍和李柏洲等（2005）通过研究公司风险对员工事前人力资本投入的影响，指出风险的增大必然导致员工对专用性人力资本的减少和一般性人力资本投入的增加，员工一旦拥有了享有合作剩余分配的权利，就会增加公司专用性人力资本的投入，同时减少一般性人力资本的投入。

我们假设双方合作失败的概率由外界因素决定，即当 θ 外生时，分别对 $U = \theta g + r(1-\theta)(f+g) - c(f, g)$ 求 f, g 的导数，可得

$$\frac{\partial U}{\partial f} = (1-\theta)r - \frac{\partial c}{\partial f} = 0 \tag{4.16}$$

$$\frac{\partial U}{\partial g} = \theta + r(1-\theta) - \frac{\partial c}{\partial g} = 0 \tag{4.17}$$

由此可得

$$\frac{\partial c}{\partial f} = (1-\theta)r \tag{4.18}$$

$$\frac{\partial c}{\partial g} = \theta + r(1-\theta) \tag{4.19}$$

对以上式子分别求 θ 的导数，有

$$\frac{\partial^2 c}{\partial^2 f} \frac{\partial f}{\partial \theta} + \frac{\partial^2 c}{\partial f \partial g} \frac{\partial g}{\partial \theta} = -r \tag{4.20}$$

$$\frac{\partial^2 c}{\partial^2 g} \frac{\partial g}{\partial \theta} + \frac{\partial^2 c}{\partial g \partial f} \frac{\partial f}{\partial \theta} = 1-r \tag{4.21}$$

假定 $\frac{\partial^2 c}{\partial f \partial g} \geq 0$，这是因为 f 和 g 的边际成本不存在互补性，即当 g 增加时，f 的边际成本是不可能减少的。进一步假设 $\frac{\partial^2 c}{\partial^2 f} \geq \frac{\partial^2 c}{\partial f \partial g}$ 和 $\frac{\partial^2 c}{\partial^2 g} \geq \frac{\partial^2 c}{\partial g \partial f}$，这是因为，从心理学的角度来说，从事多样化的工作往往比从事单一性的工作

更使人感到满意。

联立上式可得

$$\frac{\partial f}{\partial \theta} = -\frac{\frac{\partial^2 c}{\partial^2 g}}{\frac{\partial^2 c}{\partial^2 f} \cdot \frac{\partial^2 c}{\partial^2 f} - \left(\frac{\partial^2 c}{\partial f \partial g}\right)^2} < 0 \quad (4.22)$$

$$\frac{\partial g}{\partial \theta} = -\frac{\frac{\partial^2 c}{\partial g \partial f}}{\frac{\partial^2 c}{\partial^2 f} \cdot \frac{\partial^2 c}{\partial^2 g} - \left(\frac{\partial^2 c}{\partial g \partial f}\right)^2} < 0 \quad (4.23)$$

根据上式,我们可以得出以下结论:

结论一:在破产的风险增大时,企业员工将事先增加对一般性人力资本的投入,同时减少对专用性人力资本的投入。

原因是显而易见的,公司一旦破产,员工将会失业,员工所积累的对公司的专用性人力资本将会损失一大部分,当然这里假设员工没有找到一家类似原来公司的企业工作。在员工不得不寻找新工作的时候,一般性人力资本因为适用范围较广,在新公司将更容易获得价值认可。为了实现自身利益的最大化,当企业破产风险增大时,员工存在增加一般性人力资本的投入而减少公司专用性人力资本投入的倾向。

当员工可以分享企业合作剩余时,由于人力资本所有者拥有企业股份之后,可以发出维护自己利益的声音,因而遭到解雇的风险降低,即 θ 与 r 相关,且有 $\frac{\partial \theta}{\partial r} < 0$。由 $\frac{\partial c}{\partial f} = (1-\theta)r$ 可得

$$\frac{\partial c}{\partial f} = (1 - \theta(r))r \quad (4.24)$$

对其求 r 的导数,有

$$\frac{\partial^2 c}{\partial f^2} \frac{\partial f}{\partial r} + \frac{\partial^2 c}{\partial g \partial f} \frac{\partial g}{\partial r} = -\frac{\partial \theta}{\partial r} r + (1-\theta) \quad (4.25)$$

其中,$\frac{\partial^2 c}{\partial g \partial f} = 0$。

由于 $\frac{\partial^2 c}{\partial f^2} > 0$,因为 $\theta < 1$,而 $\frac{\partial \theta}{\partial r} < 0$,于是有 $\frac{\partial f}{\partial r} > 0$。这表明,合作剩余分配比例 γ 和专用性投资 f 之间成正比例关系,由此可得出以下结论:

结论二: 当双方合作失败的概率由外界因素决定时,人力资本拥有的合作剩余分配比例增加,其专用性投资也会随之增加。

4.2.4.2 人力资本专用性与讨价还价能力博弈分析

在实际中,人力资本资产的专用性在一定程度上与物质资本所有者对其作用的认可和评价有关。对于人力资本所有者,其合作方物质资本所有者对其认可度越高,依赖性越强,人力资本所有者在谈判博弈中拥有的谈判力就越强。

现在假设人力资本专用性投资的成本为 cf,物质资本所有者对其评价(或认可)为 $V(f)$,那么拥有 r 比例所有权份额的人力资本的净效用可以表示为 $rV(f)-cf$,投资者的净效用可表示为 $(1-r)V(f)$。当人力资本的谈判力为 α 时,最优的分配为

$$\max_{r}[rV(f)-cf]^{\alpha}[(1-r)V(f)]^{1-\alpha} \qquad (4.26)$$

求导得

$$r = \frac{cf + \alpha[V(f)-cf]}{V(f)} \qquad (4.27)$$

由上式可以看出,最优的合作剩余分配份额与专用性投资的成本、收益和谈判力有关。对上式进行变形,可得

$$\alpha = r + \frac{(r-1)c}{\dfrac{V(f)}{f}-c} \qquad (4.28)$$

由此,我们发现人力资本的专用性资产 f 与谈判力 α 之间的关系取决于 $\dfrac{V(f)}{f}$ 与 f 的关系,并可以得出以下结论:

结论一: 物质资本所有者对人力资本专用性资产评价较高,即对 f 存在偏好和依赖时,人力资本的专用性资产越多,其谈判力越强。

在现实中,掌握企业关键技术的人员即是如此。这些人能够在合作剩余分配中具有较强的谈判能力,获得较高的工资报酬,除了在生产效率上有优势外,另一个重要的原因是他们有条件离开企业自行创业或者投奔企业的竞争对手,从而对原有企业形成某种程度上的要挟,因而物质资本所有者不得不对其存在偏好和依赖。在这种情况下,人力资本的专用性资产越多,物质资本所有者对其评价就越高,依赖性也就越强,其在合作剩余

分配中的谈判力也越强。

实证研究表明，如果员工认识到企业很重视自己的专用性人力资本创造的递增收益，就会认为企业依赖自己，往往会据此要挟企业改进报酬合同。在报酬谈判中，双方均倾向以各自"讨价还价"的优势地位在合作剩余中获取更多的份额，这时，人力资本的专用性资产越多，谈判力就越强。

Rajan 和 Zingales（2002）解释了企业与员工关系的部分成因。企业家拥有企业生产所必须的独特资源，但为了生产，他们不得不让员工密切接触关键资源（如员工与关键客户和供应商打交道或者学习雇主的管理技术、生产技术等），对关键资源进行专用性的人力资本投资，以形成自己的专用性人力资本，由此给了员工窃取或侵占关键资源并与雇主进行竞争的可能性，即当员工了解和掌握了企业的关键资源后，他们就能够利用这些专用性人力资本创办与原就职企业竞争的新企业。企业家为了避免这种情况的发生，在合作剩余分配时就不得不承认这些员工的专用性人力资本的价值。

结论二：物质资本所有者对人力资本专用性资产评价较差，对 f 存在厌恶时，人力资本的专用性资产越多，被套牢的可能性就越大，陷得越深，谈判力就越弱。

物质资本所有者对 f 存在厌恶时，$\frac{V(f)}{f}$ 是 f 的减函数，因而 $f\uparrow$ 可以得到 $\alpha\downarrow$，即人力资本的专用性资产越多，被套牢的可能性越大，陷得越深，谈判力就越弱。杨瑞龙和杨其静（2001）指出，单纯的专用性不但不能使当事人分享组织租金的谈判力基础，而且还能削弱当事人的谈判力。由于专用性资产的价值依赖团队其他成员，当其他成员对其评价较差时，专用性资产所有者就会陷入困境——既难以退出，其价值又得不到认可。此时，专用性资产的所有者不但无法分享组织租金，而且在进行专用性投资后，其组织租金还面临着被剥削的威胁。现实中不乏这样的例子。

时下有一个非常流行的新词汇——海待（也叫海带）。简单解释，就是海外留学归来却找不到工作的待业者或者不肯接受国内的低薪而就业者。

虽然海待中不乏在海外荒度时光、没有好好学习、学而未成者，但其中部分取得海外发达国家文凭者在很多方面还是强于国内普通高校同等学历毕业者的。但是，由于部分"海待"的不良声誉，大部分企业对其认可度较低，导致企业对很多海归人员给出的月薪仅有三四千元。媒体曾暴出猛料：中关村有家软件公司报出月薪2500元的条件居然引得"海归"硕士争相竞聘①。海外留学的成本一般为每年四五十万元甚至上百万元。以50万元留学投资、5%的投资收益率衡量，月回报率也需在2000元以上，留给海归们的人力资本回报仅有400元左右，实在是低得可怜。巨额的留学成本可以看作专用性人力资本投资，理应得到应有的回报，但在这里，专用性人力资本由于对物质资本存在依赖而陷入了被"套牢"的境地，合作剩余几乎全被物质资本拿去，自身的价值完全得不到体现。这也许可以解释为什么有些海归在选择工作时存在好高骛远、高不成低不就的情况，其本质在于人力资本的谈判力被专用性投资严重削弱，不但无力分享组织租金，而且事后还面临着准租金被剥削的局面。

结论三：物质资本所有者对人力资本所有者专用性资产评价一般，即对f存在中性时，人力资本的专用性资产与谈判力无关，得不到物质资本所有者的承认。

物质资本所有者对f存在中性时，$\dfrac{V(f)}{f}$与f无关，因而人力资本的专用性资产与谈判力无关。

4.2.5 结论与建议

对知识型企业而言，专用性人力资本具有特殊使用价值，对其财富创造发挥着至关重要的作用。人力资本所有者对关键资源做出专用性投资后，可以创造出人力资本所有者自己控制的关键资源，这种资源会给人力资本所有者带来一定的垄断优势，从而增加人力资本的竞争力和谈判力，且由于自身谈判力的大大提升，人力资本所有者也会积极要求获

---

① 资料来源：月薪2500元硕士竞聘中关村"海归"身价大跌，新华网，2003年8月9日. http://news.xinhuanet.com/fortune/2003-08/09/content_1018073.htm.

取企业的合作剩余索取权。人力资本的专用性特性及由此带来的垄断势力决定了人力资本所有者和知识型企业中物质资本所有者之间必须通过谈判来决定合作剩余分享率，一般的固定薪酬方式不适用于知识型企业。要使人力资本所有者激励兼容，必须要赋予他们一定的合作剩余索取权。双方可以通过谈判决定人力资本企业的专用性投资量，从而最大化双方的预期总收益。

第 5 章
■ CHAPTER 5 ■

风险态度差异、耐心因素和市场稀缺程度影响下知识型企业人力资本讨价还价能力博弈分析

5.1 风险态度差异影响下知识型企业人力资本讨价还价能力博弈分析

5.1.1 风险态度概述

风险态度是指人对风险所采取的态度，是基于对目标有影响的正面或负面的不确定性所选择的一种心智状态，或者说是对重要的不确定性认知所选择的回应方式。每个人在面临未来可能出现的风险或者不确定性因素的时候，反应是不同的，从而会做出不同的行动选择。在现实中，风险与收益往往是相辅相成的，每个人在获取预期收益的同时，会面临一定的风险。随着预期收益增加，成员面临的风险也会相应提高，有着不同风险态度的成员对未来的预期收益和风险有着不同的偏好和理解，从而对风险带来的收益也有着不同的预期。

风险态度一般分为三种：风险厌恶（Riskaverse）、风险中性（Risk-neutral）和风险偏好（Riskappetite）。

假设个人的收益为连续型随机变量，其效用函数为

$$E[U(\omega)] = \int_{-\infty}^{\infty} \omega dF(\omega) \tag{5.1}$$

其中，$E[U(\omega)]$ 为个人收益的期望效用，$F(\omega)$ 为收益 ω 的分布函数。

如果 $U[E(\omega)]$ 为个人的期望收益，则有：

（1）若满足 $U[E(\omega)] > E[U(\omega)]$，即个人期望收益的效用超过收益的期望效用，属于风险规避类型。该风险类型的个人在行动选择上通常较为保守，厌恶预期风险，愿意接受较低的收益水平来避免遭受更多的损失。

（2）若满足 $U[E(\omega)] = E[U(\omega)]$，即期望收益的效用与收益的期望效用相等，属于风险中性类型。该风险类型的个人在收益与风险的选择上比

较均衡，不会为了减少风险而降低收益水平或为了提高收益而去冒险。

（3）若满足 $U[E(\omega)] < E[U(\omega)]$，即期望收益的效用低于收益的期望效用，属于风险偏好类型。该风险类型的个人在行动选择上较为偏激，为了获得超额收益，愿意去冒险。

对风险规避度的衡量，通常用阿罗—帕拉特绝对风险规避度量 $\rho = \dfrac{u''}{u'}$ 来表示。风险规避的风险态度要求投资决策者考虑风险成本的影响。通常，我们假定效用函数具有不变绝对风险规避特征，期望效用函数为 $Eu = -Ee^{-\rho w}$，即以在随机收益均值 Ew 扣除风险成本后的确定性等价收入作为决策优化分析的基准指标。图 5-1 中，A、B、C 曲线分别为风险规避、风险中性和风险偏好类型投资者的等效用线。很明显，风险规避者从事风险控制，要求风险补偿；风险中性者在特定收益水平上对风险持无所谓态度；而风险偏好者愿意支付风险补贴。这是理论上的分类。现实中，只有赌博者才是风险偏好者，出于对风险的偏好，他们能够接受零风险补偿率。任何理性的投资者都是风险规避者，承担风险时都要求获得风险补偿。

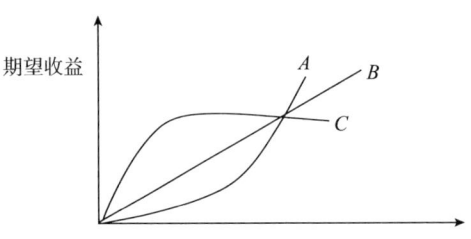

图 5-1　不同风险态度的无差异曲线

5.1.2　知识型企业中博弈双方的风险类型

在知识型企业中，知识、技术和劳动相结合生成人力资本和传统的物质资本合作共同创造价值。也就是说，企业价值创造的源泉不仅包括传统的物质资本，也包括知识和人力等构成的以无形资产为代表的人力资本。与物质资本相比，知识型企业中的人力资本往往具有稀缺性、难以模仿性和规模报酬递增等特征，这使其具有极大的价值创造潜力。从企业价值构成的角度来看，人力资本在企业价值中的比重越来越大。Dzinkcxvski（2000）的研究结果表明，未来企业在有形资产上的投资将从50%逐渐下降到10%，同时在人力资本上的投资将从50%攀升到90%。加拿大会计师协会（CICA）对加拿大和美国前300大公司所做的调查显示，知识已经成为这些企业成功的关键要素。Blair（2000）研究了从1978年到1998年数千家非金融企业的资产组成，发现在1978年，这些企业约80%的资产为有形的物质资产，而到1998年，无形的知识资产占到了这些企业总资产的80%。在这些企业里，有形的物质资产已经不再是其价值的主要构成部分。按照"谁贡献，谁受益"的企业合作剩余分配原则，提供这些人力资本要素的利益相关者有权要求参与企业的收益分配。

企业契约各主体对同一事件利益得失主观评价不同，由此决定了他们对风险的态度也不同。对风险的态度，也与签约人的能力、性格等多方面因素有关。签约人的风险态度对企业合作剩余分配具有深刻的影响，它决定了签约人进入契约并在合作剩余分配中谋取自身适当利益的动力和意志。在知识型企业的合作剩余分配中，物质资本和人力资本双方的风险态度有着显著的差别。物质资本通常为风险偏好或者风险中性者，他们偏好采取高风险、高回报的行动，很少受到不确定性的影响，关注机会并善于把握机会，甚至在预期会有风险发生时，依然能够坦然面对。而人力资本通常为风险的规避者，有时为风险中性者，在面对未来的不确定性时，如果预期可能有较高的风险发生，他们就会采取风险规避的方式来降低损失。人力资本所有者和物质资本所有者的风险态度差异决定了他们在合作剩余谈判中的所得。

5.1.3　风险态度差异与合作剩余分配理论研究综述

在企业合作剩余分配中，物质资本和人力资本等契约人的风险态度会影响其各自潜在的谈判能力，从而产生对企业合作剩余分享要求和最终享有的差异。Kihlstrom、Roth、Schmeidler（1981）最早对确定性情形下（可选择的结果以及合作破裂点都是确定的）参与合作的主体的风险规避程度对分配结果的影响做了比较静态分析，他们证明了在其他条件不变的情况下，若参与合作的一方的风险规避程度增加了，那么最终分配的结果会向不利于他的方向移动，这符合我们的直觉，并且很容易证明，其他的解也具有这样的性质。Roth 和 Rotblum（1982）考虑了可选择的结果不确定但合作破裂点确定时的情形，此时上面所说的结论不再成立，在一个主体认为威胁点优于 Nash 解的结果时，其风险规避程度的增加可能会使分配向有利于他的方向移动。Safra、Zhou 和 Zilcha（1990）对威胁点和可选择对象都不确定时的情形做了分析，结果表明，这时不再有确定的结果，如果一个主体的风险规避程度增加，分配是向有利于还是不利于他的方向变动要视风险规避程度增加的幅度而定。特别地，当可能达成的协议（这时是随机的）中有的结果比合作破裂的结果还要差，并且合作破裂的结果不能被这些结果占优时（合作破裂的结果也是随机的，这表明有的结果会比上面所说的那些达成合作的结果要差），某主体的风险规避程度增加一个充分大的量，结果反而使某主体变得更好。这与 Roth 和 Rotblum 得到的结果是不一样的。但是，当合作达成的其中一个可能结果被合作破裂的结果所占优，并且合作破裂的结果被合作达成的其他结果占优时，某主体的风险规避程度增加会使分配向有利于他的方向移动。

  在现实中，存在很多合作结果不确定的情况，这时合作的各方是如何行动的？结果往往是各方签订一个契约，规定各方所需分担的风险，分配的结果根据契约的条款来执行。这样，一个主体的风险规避程度变高以后，他所愿意承担的风险会变小。这时分配的结果显然是不定的，若不确定带来的是一个比无风险更好的结果，那么与原先的情况相比较，分配会变得不利于他；若不确定性带来的是一个比无风险更差的结果，那么分配会变得有利于他。同样地，风险规避程度变小的那些主体的分配结果也是不定的。所以说，Roth 和 Rotblum（1982）以及 Safra、Zhou 和 Zilcha（1990）所得到的结果也符合我们的一般印象，这再次说明，这些解是分析合作剩余分配问题的有力工具。

  讨价还价博弈中破裂风险的概念由 Binmore、Rubinstein 和 Wolinsky 于 1986 年在研究完全信息轮流出价讨价还价问题的过程中首先提出，Osborne 和 Rubinstein 于 1990 年在研究讨价还价与市场问题的过程中对此做了进一步的阐述。Rubinstein 认为，在讨价还价过程中，参与人对谈判破裂风险的主观概率就是其对自身退出谈判的主观概率，并根据此假设建立了具有破裂风险的讨价还价模型,给出了该模型唯一的子博弈完备均衡(Subgame Perfect Equilibrium,SPE)。Svejnar(1992)认为,在谈判中,如果某方对谈判破裂非常担心,害怕失去既有的谈判成果,则这种担心会在一定程度上削弱他在谈判中的谈判力。一般情况下,这种对谈判破裂的担心程度可以用谈判者的特征效用函数来刻画。Eric Maskin 于 2007 年发表论文《讨价还价与破坏性的力量》,提出了一个开创性的观点,那就是博弈参与人的破坏性力量影响讨价还价参与人可获效用的大小。这个看起来很简单的观点,却深深改变了博弈结构,同时也扩大了该种类型博弈的适用范围,这里其实将博弈双方所可能采取的暴力行为模型化了。以前的博弈模型,大多只是考虑在权利平等情况下通过讨价还价分配利益的问题,而忽视了现实之中丛林规则对博弈的影响。

5.1.4 风险态度差异与讨价还价博弈模型的构建

5.1.4.1 风险态度差异的测度

在现实中,人力资本和物质资本承担风险的能力差异很大。一般认为,人力资本由于种种原因惧怕谈判破裂,而物质资本所有者则在谈判过程占据优势地位,对谈判破裂的担心就少得多。本书在讨价还价理论的基础上,建立数理模型来刻画这个过程,并分析了彼此风险态度对谈判结果的影响。

设在讨价还价谈判过程中,x_{ij} 为 j 向 i 提出的关于企业合作剩余 x 的分配方案,x_{ji} 为 i 向 j 提出的关于企业合作剩余 x 的分配方案。基于经济人假设的自利原则,提出的方案中双方的效用集为 $[u_i(x_{ii}), u_i(x_{ij})]$,$j$ 提出的方案中双方的效用集为 $[u_i(x_{ij}), u_i(x_{jj})]$,其中,$x_{ii} > x_{ij}$,$x_{ii} > x_{ji}$。对于 j 提出的方案 x_{ij},如果 i 不满意并坚持自己的方案,则会造成双方谈判破裂(此时双方因为无法达成协议,彼此的效用均为 0)的概率为 p_i,获得 x_{ii} 的概率为 $1 - p_i$,则理性要求需要满足以下条件:

$$p_i \times 0 + (1 - p_i) u_j(x_{ii}) \geq u_i(x_{ij}) \tag{5.2}$$

从而有

$$\eta_i = \frac{u_i(x_{ii}) - u_i(x_{ij})}{u_i(x_{ii}) - 0} \geq p_i \tag{5.3}$$

其中，分子 $u_i(x_{ii}) - u_i(x_{ij})$ 为接受对方策略的成本，分母 $u_i(x_{ij}) - 0$ 为不合作或谈判破裂的成本，二者的比率 η_i 为 i 对于 j 提出方案结果 x_{ij} 的风险极限。

同样，我们可得对于提出方案结果的风险极限

$$\eta_j = \frac{u_j(x_{jj}) - u_j(x_{ji})}{u_j(x_{jj}) - 0} \tag{5.4}$$

令 $x_{ii} = x_{ij} + \Delta$，则 Δ 越小，i 发生冲突的概率 p_i 将越小；Δ 越大，p_i 越大。此外，i 越不愿意冒破裂的风险拒绝 j 的方案，即对 x_{ij} 的风险规避程度越高，则 i 接受 x_{ij} 的概率越大，p_i 越小。于是，p_i 的最大值 η_i 也可以称为 i 的大胆程度（boldness），并从反面衡量了 i 对 x_{ij} 的风险规避程度。对 x_{ij} 的风险极限 η_i 越大，则越大胆，对 x_{ij} 的风险规避越小；对 x_{ij} 的风险极限 η_i 越小，对 x_{ij} 的风险规避程度越大，即对 x_{ij} 的破裂担心程度越大。

假设谈判双方连续出价，即每次所出报价的间隔极小，接近于连续，有

$$\eta_i = \frac{u_i(x_{ij} + \Delta) - u_i(x_{ij})}{u_i(x_{ij} + \Delta)} \tag{5.5}$$

式（5.5）表示 i 在 x_{ij} 基础上每增加一个最小单位的要价其风险极限的变化。

$$\lim_{\Delta \to 0} = \frac{\dfrac{u_i(x_{ij} + \Delta) - u_i(x_{ij})}{\Delta}}{u_i(x_{ij} + \Delta)} = \frac{u'_i(x_{ij})}{u_i(x_{ij})} \tag{5.6}$$

该极限可以从反面测度 i 方担心谈判破裂的程度，而且有

$$\lim_{\Delta \to 0} \frac{\eta_i}{\Delta} = U_i(x_i) / U'_i(x_i) \tag{5.7}$$

由式（5.7）我们可以发现，在合作剩余谈判中，双方对谈判破裂达不成协议的担心程度与谈判者自身的因素密切相关，可以说，这是完全由个体效用函数 $U_i(x_i)$ 确定的行为特征。

5.1.4.2 风险态度差异与讨价还价能力

假定谈判力按照 $\Gamma = (r_1, \cdots, r_n)$，$\Gamma > 0$ 的比例分布，将目标函数 $\prod_{i=1}^{n} U_i^{r_i}$ 做正则变换，取自然对数，得到新目标函数

$$\sum_{i=1}^{n} r_i \ln U_i \tag{5.8}$$

约束条件为 $\sum_{i=1}^{n} x_i = X$。

构造 Langrange 函数 $L = \sum_{i=1}^{n} r_i \ln U_i + \lambda \left[X - \sum_{i=1}^{n} x_i \right]$，$\lambda$ 为参数。
取极值一阶条件为

$$r_i \frac{U_i^1}{U_i} - \lambda = 0 \tag{5.9}$$

任取 $i \neq j$，就有

$$r_i \frac{U_i^1}{U_i} = r_j \frac{U_j^1}{U_j} \tag{5.10}$$

由此可得 $\frac{r_i}{r_j} = \frac{U_i}{U'_i} \Big/ \frac{U_j}{U'_j}$，即讨价还价能力与谈判破裂的担心程度在一定程度上等价。

从该定理可以看出，$\max \prod_{i=1}^{n} U_i^{r_i}$ 的解是对 Nash（1950，1953）谈判解的一般化。由此我们可以得出，在讨价还价博弈中，谈判各方所具有的讨价还价能力实际上在数值上等同于彼此对谈判破裂的担心程度。谈判者越是担心谈判破裂，其谈判底气就越不足，讨价还价能力就越小。当然，这也与我们在日常生活中所得出的经验基本一致。实际上，在谈判中，谈判各方是在尽量最大化各自效用的加权平均，而权数就是他们各自的谈判力。

5.1.4.3 风险态度变化对讨价还价能力的影响

设参与人之一，比如 j 的风险规避程度增加，其效用函数由原来的 $u_j = u_j(x_j)$ 变为 $v_j = g(u_j)$，其中 g 为递增凹函数，即 $g''(*) < 0 < g'(*)$。此时，可行的效用集将变得比原来更为扁平，并且 i 将会因为对方 j 变得更为倾向风险规避而获得更多的份额。

进一步地，如果 j 变得更为倾向风险规避，效用函数由 u_j 变为 v_j，$v_j = g(u_j)$，因为 g 为凹函数，则有

$$v_j(x_{ji}) = g[u_j(x_{ji})] = g[\alpha \times 0 + (1-\alpha) u_j(x_{ji})] \geq (1-\alpha) g[u_j(x_{ji})]，其中 \alpha = \eta_j \tag{5.11}$$

此时有

$$\eta_j^v = \frac{g[u_j(x_{jj})] - g[u_j(x_{ji})]}{g[u_j(x_{jj})] - 0} \leq \frac{g[u_j(x_{jj})] - (1-\alpha)g[u_j(x_{ji})]}{g[u_j(x_{jj})]} = \eta_j^u$$

(5.12)

即如果 j 变得更为倾向风险规避，则其风险极限会变得更小。$\eta_j^v \leq \eta_j^u$ 意味着 $f_j^v \leq f_j^u$。

双方的效用函数之积（纳什讨价还价积）为 $U = v_i^{r_i} v_j^{r_j}$，其中 $r_i + r_j = 1$。令 $F = v_i^{r_i} v_j^{r_j} - U$，则有

$$\frac{dF}{dr_i} = r_i v_i^{r_i - 1} v_j^{r_j}, \quad \frac{dF}{dr_j} = r_j v_j^{r_j - 1} v_i^{r_i}$$

(5.13)

由此可得

$$\frac{dv_i}{dv_j} = \frac{r_j v_j}{r_i v_i} = \frac{1 - r_j}{r_j} > 0$$

(5.14)

此外，根据图 5-2 我们可以进行如下分析：

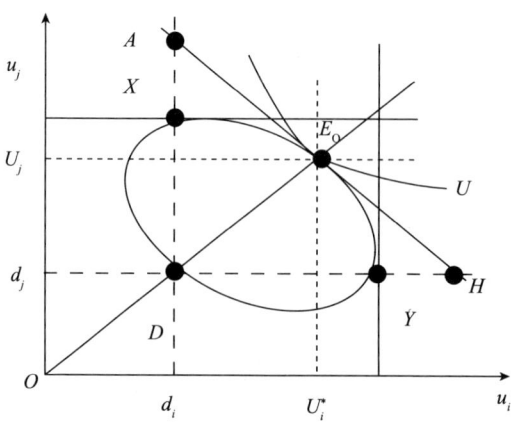

图 5-2　讨价还价解的图形解释

图 5-2 中，椭圆部分为讨价还价博弈参与人 i 和 j 的效用可行集，假设该效用可行集为紧凸集。其中，D 为谈判初始点，$AXDYH$ 为将原点移到 D 点后坐标轴 X、Y 与可行集和新坐标的交点，XE_0Y 为讨价还价解。令 $\angle\alpha = \angle AHD$，则 $tan\alpha = \left|\frac{du_j}{du_i}\right|$，对其求 r_j 的一阶导数，得到 $\frac{d\left|\frac{du_j}{du_i}\right|}{dr_j} = \frac{-1}{r_j^2} < 0$。于是，如果 $r_i \uparrow$，则有 $r_j \downarrow$，$tan\alpha \uparrow$，曲线 $U = v_i^{r_i} v_j^{r_j}$ 变得更加陡峭，均衡点将下移。

由上式可以得到，如果 j 的支付增加，则 i 的支付减少，博弈在某种程度上具有对抗性质；如果 i 的谈判实力增加，均衡点偏向 i，i 的最终效用将增加，而 j 的效用将减少。

在企业合作剩余分配中，人力资本和物质资本各自所追求的目标从某种程度上说就是统一和冲突的综合体。只有双方合作，才能创造合作剩余，但在其分配上又存在着矛盾。在合作剩余分配谈判中，各方的利益体现于他们对企业合作剩余的最终分配份额，而企业合作剩余的分配份额是由各方进行谈判决定的，取决于各自的谈判力，而谈判力又与对谈判破裂的担心程度密切相关。如果谈判中一方非常担心谈判会破裂，害怕失去既有的谈判成果，那么这种担心毫无疑问将在一定程度上损害他的谈判力。[①] 在实际中，我们通常通过构建谈判者不同的特征效用函数来体现对谈判破裂的这种担心程度。

借助于推广的 Nash 谈判模型，我们可以描述上述人力资本和物质资本彼此都存在对谈判破裂的担心情况下的谈判过程。

首先，由于 $f_i = U_i(x_i) / U'_i(x_i)$ 对 x_i 存在依赖性，因而当谈判者的收益变动时它也随之变动，我们根据现实情况，假定 $U_i(x_i)$ 是凹函数，由此可以得到

$$\frac{df_i}{dx_i} = \frac{[U'_i(x_i)]^2 - U_i(x_i) U''_i(x_i)}{[U'(x_i)]^2} > 0, \quad U_i(x_i) > 0 \quad (5.15)$$

由上式可知，在谈判中，每个谈判者对谈判破裂的担心程度会随着他从谈判中所获取的收益增加而增加，这与我们在现实中的所见十分吻合。以上过程还可以用较为数理化的过程描述：

假设 $u''(x) \leq 0$，由于

$$\frac{df_i}{dx_i} = \frac{[u'_i(x_i)]^2 - u'_i(x_i) u''_i(x_i)}{[u'_i(x_i)]^2} \quad (5.16)$$

从而 f_i 随着 x_i 的增加而增加。

给定 r_i 和 r_j，如果 $\dfrac{f_i}{r_i} > \dfrac{f_j}{r_j}$，则 j 会在下一个回合的讨价还价谈判中要

---

① 周鹏，张宏志. 利益相关者间的谈判与企业治理结构 [J]. 经济研究，2002 (6): 55-95.

求更多的 x_j，i 将被迫妥协，从而使 x_i 减少，于是 $\frac{f_i}{r_i}$ 减少，$\frac{f_j}{r_j}$ 增加，上述过程将一直持续到 $\frac{f_i}{r_i} = \frac{f_j}{r_j}$。这样就得出了和上面一样的结论。

5.1.4.4 风险态度差异影响下双方的合作剩余分配份额

在知识型企业中，将人力资本方和物质资本方共同合作获得的合作剩余 π 视为双方讨价还价博弈的对象，此时双方在谈判中获得的份额与合作剩余之比即等于合作剩余分配中各自的分配比例，利用前面的不对称讨价还价博弈理论，我们可以对风险态度差异影响下双方的合作剩余分配份额展开研究。

我们假定有两个参与者 A 和 B 参加了博弈，其中 A 为物质资本，B 为人力资本。两者对分割一块大小为 π 的蛋糕进行讨价还价，可能性协议的集合为 $X = \{(x_A, x_B); 0 \leq x_A \leq \pi \text{ 且 } x_B = \pi - x_A\}$，其中 x_i 为参与人 i 的蛋糕份额，$u_i(x_i)$ 是参与人 i 从 x_i 中得到的效用，分别记作 u_A 和 u_B。设 u 存在反函数 u^{-1}，则 $g(u_A) = U_B(\pi - U_A^{-1}(u_A))$ 是参与人 A 获得的效用为 u_A 时参与人 B 获得的效用。α 和 β 分别为参与人 A 和 B 的谈判力。

如果参与双方不能达成一个有约束力的协议，那么，双方的效用向量可以记为 $d = (d_A, d_B)$。局中人把 (d_A, d_B) 看作谈判的初始点（也可以看作谈判的破裂点，即双方谈判破裂时彼此的收益，实际上无论是谈判的初始点还是破裂点，从数学意义上说并无差别，均可认为是不进行谈判时双方的收益），试图通过谈判寻求比这更高的收益，并且是双方都可以接受的，记为 (u_A^N, u_B^N)，则谈判过程可以抽象地记为

$$(u_A^N, u_B^N) = f(X, d_A, d_B)$$

结论一：参与人均为风险中性类型时，双方对合作剩余的分配首先为各自分得的保留份额（双方谈判破裂时彼此可以获得的份额），然后对余额按照谈判力量对比进行分配。

由于参与人均为风险中性类型，我们不妨设 $U_A(x_A) = x_A$，$U_B(x_B) = x_B$。对于 $g(u_A) = \pi - x_A$，假定双方的无协议点（谈判初始点）为 (d_A, d_B)，将其带入上式可以得到

$$x_A^N = d_A + \alpha(\pi - d_A - d_B), \quad x_B^N = d_B + \beta(\pi - d_A - d_B) \quad (5.17)$$

在现实中，为了更好地衡量物质资本方和人力资本方对合作剩余的分

配情况，我们取双方所得份额与合作剩余的比值，设人力资本的合作剩余分配比例为 k_A，物质资本的合作剩余分配比例为 k_B，可以得到

$$k_A = \frac{x_A^N}{\pi} = \frac{d_A + \alpha(\pi - d_A - d_B)}{\pi} \tag{5.18}$$

$$k_B = \frac{x_B^N}{\pi} = \frac{d_B + \beta(\pi - d_A - d_B)}{\pi} \tag{5.19}$$

结论二：参与人一方为风险中性类型、另一方为风险偏好类型时，风险偏好类型的一方分得 $x_A^N = \frac{\alpha\sigma\pi}{\alpha\sigma + 1 - \sigma}$，风险中性类型的一方分得 $x_B^N = \frac{(1-\sigma)\pi}{\alpha\sigma + 1 - \sigma} + d_B$，其中 σ 为参与人的风险偏好系数，分配结果与双方的风险偏好程度、讨价还价能力、保留份额和合作剩余的大小有关。

对于参与人，当其为风险偏好类型时，我们不妨设 $U_A(x_A) = x_A^\sigma$，$\sigma > 1$；当其为风险中性类型时，设 $U_B(x_B) = x_B$。由于 $g(u_A) = \pi - \pi_A$，假定双方的无协议点（谈判初始点）为 (d_A, d_B)，将其带入上式，求解双方的纳什讨价还价解，可以得到

$$x_A^N = \frac{\alpha\sigma\pi}{\alpha\sigma + 1 - \sigma} + d_A, \quad x_B^N = \frac{(1-\sigma)\pi}{\alpha\sigma + 1 - \sigma} + d_B \tag{5.20}$$

设人力资本的合作剩余分配比例为 k_A，物质资本的合作剩余分配比例为 k_B，可以得到

$$k_A = \frac{x_A^N}{\pi} = \frac{\alpha\sigma}{\alpha\sigma + 1 - \sigma} + \frac{d_A}{\pi} \tag{5.21}$$

$$k_B = \frac{x_B^N}{\pi} = \frac{(1-\sigma)}{\alpha\sigma + 1 - \sigma} + \frac{d_B}{\pi} \tag{5.22}$$

这个结论意味着，在参与人一方为风险中性、另一方为风险偏好的情况下，双方讨价还价的结果与参与人的风险偏好程度有关，风险偏好程度越高，分得的份额也就越多。

结论三：参与人均为风险厌恶或风险偏好时，双方分别分得 $x_A^N = \frac{\alpha\sigma_A\pi}{\alpha\sigma_A + \beta\sigma_B} + d_A$ 和 $x_B^N = \frac{\beta\sigma_B\pi}{\alpha\sigma_A + \beta\sigma_B} + d_B$，分配结果与双方的风险偏好程度、讨价还价能力、保留份额和合作剩余的大小有关。

当参与人均为风险厌恶或风险偏好时，我们不妨设 $U_A(x_A) = x_A^{\sigma_A}$，

$U_B(x_B) = x_B^{\sigma_B}$。当两者均为风险厌恶类型时，有 $\sigma_A > 0$，$\sigma_B < 1$；当两者均为风险偏好类型时，有 $\sigma_A > 1$，$\sigma_B > 1$。假定双方的无协议点为 (d_A, d_B)，将其带入上式，求解双方的纳什讨价还价解，可以得到

$$x_A^N = \frac{\alpha\sigma_A\pi}{\alpha\sigma_A + \beta\sigma_B} + d_A, \quad x_B^N = \frac{\beta\sigma_B\pi}{\alpha\sigma_A + \beta\sigma_B} + d_B \tag{5.23}$$

设人力资本的合作剩余分配比例为 k_A，物质资本的合作剩余分配比例为 k_B，可以得到

$$k_A = \frac{x_A^N}{\pi} = \frac{\alpha\sigma_A}{\alpha\sigma_A + \beta\sigma_B} + \frac{d_A}{\pi} \tag{5.24}$$

$$k_B = \frac{x_B^N}{\pi} = \frac{\beta\sigma_B}{\alpha\sigma_A + \beta\sigma_B} + \frac{d_B}{\pi} \tag{5.25}$$

5.1.5 结论

市场是充满风险的，要素间进行博弈就是要制定出最佳的风险分担方案，因此，各种要素的风险承担、化解和受影响能力构成了要素谈判力的重要组成部分。因此，在企业合作剩余分配中，物质资本和人力资本等的风险态度会影响其各自的潜在谈判能力，产生对企业剩余分享要求的差异：物质资本承担企业主要风险，享有绝大部分企业剩余；人力资本在企业"保护伞"下，免受外部竞争环境的压力，享有较少的企业剩余。应当指出的是，物质资本和人力资本的风险态度并非是一成不变的：物质资本由于资本量变化、实际经验积累，可能有厌恶风险的倾向，从而削弱自身潜在的谈判能力；人力资本由于生产经营知识、技能等方面的积累，可能成为风险中性者或者风险偏好者，从而增强自身潜在的谈判能力。签约人风险态度的转变，形成了签约人之间谈判能力此消彼长的变化，决定了企业合作剩余分配安排具有动态性。

5.2 耐心因素与讨价还价能力博弈分析

5.2.1 耐心与贴现因子

耐心在《新华词典》中的解释为"耐性、不厌烦"，是在谈判中战胜

谈判对手的一种战术与谋略。在谈判中，耐心表现为不急于取得谈判结果，能够很好地控制自己的情绪，掌握谈判的主动权。在本书中，耐心的含义与一般意义上略有差异，含有拖延的意思。据说作为基督教新教宗派之一的辉格派教会，有一个传统的处理聚会中所遇到分歧和争议的做法，那就是宣布暂时休会，让争论者通过静默一段时间来冷静自己的过热情绪。假如静默后分歧依然没有得到解决，双方仍然坚持自己的主张，教会的执事就会宣布把讨论的议题推迟到下一次或以后的集会再作讨论。通过如此一而再、再而三的拖延，在极端情况下甚至是无限期地推迟，最终使问题获得解决。

在序贯讨价还价博弈中，耐心对最终的均衡结果有着至关重要的影响。在日常生活中，我们略加留意便可以发现，在自由市场里，小贩对大学教授索要的蔬菜价格往往比退休老太太的价格贵。其原因是，小贩心里明白，退休老太太有的是空闲时间和自己一毛一毛地讨价还价，对退休老太太而言，时间机会成本几乎为零，甚至有些人专门以讨价还价来消磨时间，这使她在价格谈判中有着充足的耐心，而小贩要做生意招呼其他顾客，时间成本要大于退休老太太，所以自愿用低价来尽早结束谈判；对大学教授而言，他的时间机会成本很高，可能耽搁的时间可以在外面给企业做个讲座而获得几百甚至几千元的收入，往往缺乏跟小贩在几毛钱上计较的耐心。博弈论学者泽克豪森曾组织过一次模拟谈判——让犹太人和美国人分别扮演谈判的双方。结果表明，犹太人由于本民族所特有的商业天分，有着充足的耐心来通过谈判达到自己的预期结果，在谈判中所得到的收益普遍要比美国人高。Knight（1995）认为，在讨价还价博弈中，耐心可以带来谈判优势并增加淡判力，在模型中具体体现为贴现因子。Binmore（2000）发现，当讨价还价的时间间隔无限小，也就是趋于0时，谈判中各方的讨价还价能力由彼此的贴现因子决定。王月欣（2004）认为，企业控制权的唯一子博弈精炼纳什均衡结果取决于物质资本所有者与人力资本所有者的耐心程度，而耐心程度取决于物质资本与人力资本的实力、稀缺程度、专用性、唯一性和流动性。吴斌、李春年和何建敏（2009）建立股权对价模型，讨论了无时间限制和有时间限制股权分置对价问题，结果表明，流通股股东和非流通股股东对价博弈结果取决于双方的贴现因子之比。

人们的耐心程度,就是经济学中经常提到的贴现因子,其出现最早可以追溯到亚当·斯密的著作《国富论》,其中对跨时选择问题的研究就使用了现在贴现因子的概念。1937 年,Samuelson 构建了贴现效用模型,认为人们在不同时间获得的效用可以用一个值为常数的简单因子来区分,这个因子就是贴现因子,它表示人们对将来的耐心程度。之后,行为经济学的发展使研究经济行为越来越注重从人们的行为出发,贴现因子作为影响人性的一个重要因素,受到越来越广泛的重视,人们给出了各种各样的贴现因子形式,如 Laibson 的双曲贴现因子和 Takashi Kamihigashi 的非线性贴现因子等。对讨价还价博弈而言,贴现因子是一个很重要的概念,Gibbons (1985) 将贴现因子定义为"货币的时间价值",实际上就是贴现率 = $1/(1+r)$。张维迎 (1996) 在博弈论中将贴现因子解释为参与人的耐心程度。贴现因子表示一个参与人的耐心程度,取值为 [0, 1],数值越大,说明参与人越有耐心,若是等于 0,则说明参与人完全没有耐心。由于贴现因子是由公式 $1/(1+r)$ 定义的,那么可知,收益率越大,则贴现因子越小,参与人的耐心程度越小;反之,收益率越小,则贴现因子越大,参与人越有耐心。参与人的收益率在一定意义上包含了机会成本的意思,即参与人的收益率越大,他将这笔资金投入其他途径获得的收益就越高,那么他就不愿意和其他的参与人在那里慢慢讨价还价;同理,如果参与人的收益率本身不高,他就有的是时间和其他人磨,这就是日常生活中所说的"赤脚的不怕穿鞋的"。[①] 进一步讲,耐心程度低的参与人对交易费用的节约意识越强,他越不愿意去讨价还价,因为他在讨价还价的过程中要损耗交易费用。

5.2.2 耐心的影响因素与度量

一般认为,除了个人性格之外,贴现因子主要受到博弈双方机会成本大小的影响。机会成本(Opportunity Cost)是指为了得到某种东西所要放弃的另一些东西的最大价值。任何稀缺资源的使用,无论在实际中是否为之支付

---

① 张维迎. 博弈论与信息经济学 [M]. 上海人民出版社,1996.

代价,总会形成机会成本,即为了这种使用所牺牲掉的其他使用能够带来的益处。通过对相同经济资源在不同生产用途中所得到的不同收入的比较,可以使经济资源从所得收入相对低的生产用途上转移到所得收入相对高的生产用途上,否则就是一种浪费。

在传统的耐心模型里,博弈双方参与者的耐心程度往往用贴现因子来表示。显而易见,贴现因子的值越小,说明参与者等待的机会成本越大,其耐心就越不足。在实践中,贴现因子经常用银行利率来代替。

在博弈中,如果参与方是超级没有耐心的,其对收益的要求是越快越好,体现出来的就是模型中的贴现率很大,极端情况是:$r \to \infty$,$\sigma \to 0$,则投资行为需要在当期见到收益。r 越小,σ 越大,说明放弃当前投资的效用损失越小,参与人会很有耐心地处于等待状态,更加看重长期的未来收益。很显然,后者才是理性的。

在多次重复博弈中,每一期假定一年的收益率为 r_1、r_2、r_3……为了研究简便,我们假设每一期的投资回报率都是相同的,都为 v,令 $V = I \times v$,其中 I 为投资额,V 是每年的投资回报。计算复利,第 t 期的贴现因子的值等于 $\sigma_t = \sigma$,这个贴现因子是无限次重复博弈的结果,无限次博弈模型中,每年的收益为 V,企业的总收益贴现为

$$\lim_{n \to \infty} V = (\sigma + \sigma^2 + \sigma^3 + \cdots + \sigma^n) = V \times \frac{\sigma}{1-\sigma} = \frac{V}{r} \quad (5.26)$$

在博弈均衡解的形成过程中,双方的贴现值十分重要。贴现值 σ 为 [0,1],我们在这里形象地称之为拖延的经济成本。拖延的相关成本对协议中的条款有着重要影响。谈判对手越是缺乏耐心,谈判结果对自身更有利的可能性就越大。因为时间拖得越久,贴现因子小的一方通过谈判所得到的收益会越少,而贴现因子大的一方则损失相对越小,那么他就可以利用对方对拖延的担忧,在谈判中得到更多的收益份额。也就是说,在谈判中,越有耐心的一方所获得的收益越大。

5.2.3 知识型企业中的耐心因素

在知识经济时代,产品不再像传统的生命周期理论一样,存在相对完整的创新、发展、成熟、规模化生产和衰退的全过程。这种传统的产

品生命周期理论，适合于解释技术更新速度缓慢、主要通过大规模生产来追求成本最小化的竞争环境下的传统企业的发展轨迹，而对于建立在技术和市场变化迅速的高度竞争环境下的以 IT 类高技术为代表的知识型企业而言，则日益显出其局限性。对知识型企业而言，其产品在全球扩散的速度几乎同步。在美国硅谷，应用软件的平均生命周期仅为 6 个月，专用超大规模集成电路产品的平均生命周期为 3 个月，半定制逻辑电路的生命周期甚至只有几个星期。在知识型企业中，作为核心竞争力支撑的专利技术等知识资本的贬值速度非常快——同一领域内的无数研发人员在全球各地的实验室中展开科研，可以使一项原本领先的技术在很短的时间内变得落后。在"胜者通吃"的竞争法则下，落后者将会失去大部分市场份额和利润。因此，对知识型企业而言，时间就是金钱，任何迟疑和犹豫都会造成难以预料的后果。这就对知识型企业中物质资本和掌握知识的人力资本双方提出了更高的要求，使他们必须在尽可能短的时间内达成合作剩余的分配协议，迅速将产品商业化并推向市场。对物质资本方而言，迟疑和拖延意味着投资机会的丧失，所以他们有尽快达成协议的意愿；对人力资本方也是如此，如果竞争对手研发出替代的同类技术或者更为先进的技术，他们所拥有的赖以和物质资本方谈判的技术将会蒙受极大的损失，从自身利益考虑，他们也不愿意合作剩余谈判拖得太久。

5.2.4 考虑耐心因素的人力资本讨价还价能力博弈分析

5.2.4.1 讨价还价博弈模型的构建

在人力资本和物质资本的博弈中，设想双方对合作剩余的分配问题进行讨价还价：如果他们之间能达成协议，按照协议规定分配；如果不能达成协议，人力资本和物质资本均得不到合作收益，这被称为"威胁点"或非合作状态（status quo），是不能达成协议时的最好选择。由于双方都想尽可能多的占有合作剩余价值，实质上这是一个关于如何分享合作剩余价值的讨价还价问题。下面将引入 Rubinstein（1982）的完美信息动态讨价还价博弈模型。假设物质资本所有者和人力资本所有者就两者创造的合作剩余进行讨价还价。我们再假定参与人 1 是物质资本，参与人 2 是人力资本，首先出价者为物质资本。设 x 和 $1-x$ 分别为物质资本方和人力资本方的合作剩余分配比例。定义双方每次讨价还价为一个时期。每时期的折现因子用 σ 来表示，$0<\sigma\leqslant 1$，$\sigma=e^{-rt}$，其中 r 被称为即时折现率，t 表示不同时期。由于两位参与者的耐心程度不一样，所以有两个折现因子 σ_1 和 σ_2，其中 $0<\sigma_1\leqslant 1$，$0<\sigma_2\leqslant 1$。在谈判中，双方轮流出价。假设物质资本先出价为 $(x_1, 1-x_1)$，人力资本如果接受，则博弈结束；如果拒绝，则人力资本提出分配方案 $(x_2, 1-x_2)$。这样，如果博弈在 t 时期结束，则双方的分配方案为 $(x_t, 1-x_t)$，双方的折现值为 $(\sigma_1^{t-1} \cdot \sigma_2^{t-1}(1-x_t))$。$t=3$ 时的博弈树如图 5-3 所示。

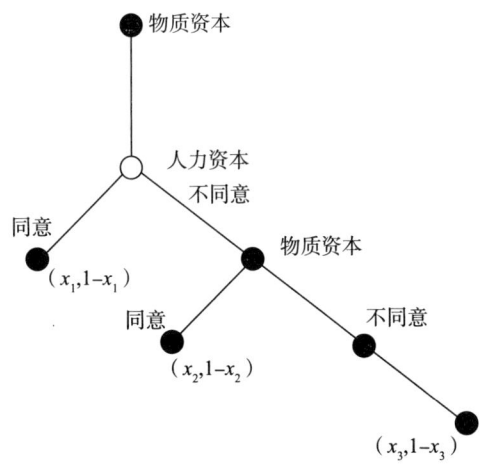

图 5-3　双方讨价还价的过程

对于无限期的博弈，可以用逆向归纳法的思路求解。假定 $t\geqslant 3$ 时物质资本先出价，设 t 期物质资本可以得到的最大份额为 M，人力资本意识到在 $t-1$ 时期任何 $x_2\geqslant \sigma_1 M$ 的出价自己可以得到的份额为 $\sigma_2(1-\sigma_1 M)$。由于从 $t-2$ 期开始的博弈和从 t 期开始的博弈完全相同，物质资本在 $t-2$ 期开始的博弈中得到的最大份额与从 t 期开始的博弈中得到的份额完全相同，因此有

$$x_1 = M = 1 - \sigma_2(1-\sigma_1 M) \tag{5.27}$$

解得 $M = \dfrac{1-\sigma_2}{1-\sigma_1\sigma_2}$。

依此类推，假定人力资本在 t 期所能得到的最小份额为 m，则其在 $t-1$ 期最多得到 $1-\sigma_1 m$，因为 t 期的 m 等价于 $t-1$ 期的 σ_1，同理，物质资本在 $t-2$ 期至少得到

$$x_1 = m = 1 - \sigma_2(1 - \sigma_1 m) \tag{5.28}$$

解得 $m = \dfrac{1-\sigma_2}{1-\sigma_1\sigma_2}$。

由于物质资本得到的最大份额和最小份额相同，均衡结果是唯一的并且为 $x = \dfrac{1-\sigma_2}{1-\sigma_1\sigma_2}$，因此，物质资本的子博弈精炼均衡为：在 $t=1, 3, 5\cdots$ 时，总是要求 $\dfrac{1-\sigma_2}{1-\sigma_1\sigma_2}$；在 $t=2, 4, 6\cdots$ 时，接受任何大于或者等于 $\dfrac{1-\sigma_2}{1-\sigma_1\sigma_2}\sigma_1$ 的份额，拒绝任何较小的份额。人力资本的子博弈精炼均衡为：在 $t=1, 3, 5, \cdots$ 时，接受任何大于或等于 $\dfrac{1-\sigma_1}{1-\sigma_1\sigma_2}\sigma_2$，拒绝任何较小的份额；在 $t=2, 4, 6, \cdots$ 时，总是要求 $\dfrac{1-\sigma_1}{1-\sigma_1\sigma_2}$ 的份额，拒绝任何较小的份额。

于是有

$$t=1, 3, 5, \cdots, \left(\frac{1-\sigma_2}{1-\sigma_1\sigma_2}, \frac{1-\sigma_1}{1-\sigma_1\sigma_2}\sigma_2\right) \tag{5.29}$$

$$t=2, 4, 6, \cdots, \left(\frac{1-\sigma_2}{1-\sigma_1\sigma_2}, \frac{1-\sigma_1}{1-\sigma_1\sigma_2}\right) \tag{5.30}$$

由于 $\dfrac{\partial x}{\partial \sigma_1} = \dfrac{(1-\sigma_2)\sigma_2}{(1-\sigma_1\sigma_2)^2} > 0$，$\dfrac{\partial x}{\partial \sigma_2} = \dfrac{\sigma_1 - 1}{(1-\sigma_1\sigma_2)^2} < 0$，可以看出物质资本获得的份额与自己的贴现因子呈增函数关系，与人力资本的贴现因子呈减函数关系。

此外，由于 $\dfrac{\partial(1-x)}{\partial \sigma_1} = \dfrac{(1-\sigma_1)\sigma_1}{(1-\sigma_1\sigma_2)^2} > 0$，$\dfrac{\partial(1-x)}{\partial \sigma_2} = \dfrac{\sigma_2 - 1}{(1-\sigma_1\sigma_2)^2} < 0$，可以看出，人力资本获得的份额与自己的贴现因子呈增函数关系，与物质资本的贴现因子呈现减函数关系。

上述模型描述了在信息完全的情况下，博弈会在第一阶段即达成共

识,最终的均衡价格由代表双方垄断势力的耐心系数决定。对此,Crisps(2005)评价道:"在鲁宾斯坦模型和其他变形的模型中,议价能力大小的关键在于把等待的责任推给对方承担的能力的大小。"

考虑无限期的情况,讨价还价的步骤与前面一样,但此时逆推归纳法无法应用,所幸 Shaked 和 Sutton(1984)证明,对一个无限回合博弈来讲,从第三回合开始的博弈(如果能达到第三回合的话)与整个过程的博弈(从第一阶段开始的)是相同的。假设双方有不同的耐心系数,物质资本与人力资本的耐心系数分别为 σ_1 和 σ_2,那么此模型有唯一的子博弈完美均衡 $\left(\dfrac{1-\sigma_2}{1-\sigma_1\sigma_2}, \dfrac{(1-\sigma_1)\sigma_2}{1-\sigma_1\sigma_2}\right)$。从公式来看,双方所得依赖谈判双方各自的耐心系数 σ_1 和 σ_2。

5.2.4.2 模型的结果分析

在以上分析过程中,我们可以看出,有一个变量对博弈均衡解的形成十分重要,这就是双方的 σ,也就是贴现因子,其值为 [0,1]。贴现因子可以解释为参与人的耐心程度,与物质资本和人力资本合作的预期收益相关。合作的预期收益越大,越急于和人力资本达成合作协议,也就越没有耐心;对人力资本而言,与所掌握技术的贬值速度有关,贬值速度越快,也就越没有耐心。对人力资本所有者来说,当 $\sigma_1 \to 0$ 时,$x_1 \to 0$,即物质资本所有者得到全部企业合作剩余。当参与人的谈判力发生变化时,参与人的耐心程度也会发生变化。给定物质资本所有者先出价,人力资本所有者随后进行选择,谁更有耐心,谁就有可能在谈判中得到更多的合作剩余份额。谈判时间持续得越长,相比而言,贴现因子小的一方就越不利,所能得到的收益缩水得就越多。作为一个理性的经济人,在预测到这种结局之后,必将"急于求成",主动做出让步,尽早结束谈判;而贴现因子大的一方在拖延中的损失会相对小一些,可以做出比对方更有耐心的架势,从而给对手造成一定程度的压力,使其失去耐心,而使自己在谈判中取得较大的收益份额。总之,我们可以这样认为,在谈判中,越有耐心的谈判者谈判力越强,获得的收益也会越多。

虽然耐心看似与每个人的心理素质有关,然而决定谈判中"耐心"的绝不仅仅是主观因素,实际上谈判双方所处的环境等客观条件的制约也不容忽视。在合作剩余谈判中,直接影响到这种"耐心"程度的因素很大程度上表现为双方等待的成本,人力资本所有者的等待成本越低,其耐心程度越高;反之,人力资本所有者的等待成本越高,事实上他所面临的潜在损失就越大,他的耐心程度必然降低。

谈判的时间跨度与 σ 的大小决定了双方在最后时刻的报价。在一个漫长的谈判过程中,双方都要考虑拖延是否真的值得。虽然理论上讲具有相对耐心优势的一方可以得到整个"蛋糕",但整个"蛋糕"的实际意思却是一无所获。西方有句古话,"赢得了战役,却输掉了战争",说的就是这个道理。因此,在进行合作剩余谈判时,要想获得更大的分配份额,除了通过各种事前的信息搜集和掌握谈判技巧等方式有效地增强自身在谈判中的心理素质,减少自己的"不耐心"外,还可以以故意泄露已经掌握的对方信息等方式影响谈判对手,增加对方的"不耐心"。

5.2.5 讨价还价模型的进一步扩展

5.2.5.1 无限次重复讨价还价博弈描述

在现实中,由于知识型企业的合作剩余分配协议条款往往难以覆盖所有情况,大部分讨价还价行为往往需要重复进行,这就需要在原有的鲁宾斯坦模型的基础上进行扩展,使之能够更为准确地反映现实情况。我们把企业合作剩余看作鲁宾斯坦博弈模型中的"蛋糕",这有助于对整个分配过程的理解。在契约不完备的知识型企业合作剩余分配中,可以把整个讨价还价"分蛋糕"博弈过程看作一个由若干短期合约构成的长期企业合约,而把之前的鲁宾斯坦模型看作构成长期合约的一个短期合约。在重复的讨价还价博弈中,耐心大的参与人渴望达成一个短期合约的协议,以便尽快开始下一个短期合约的谈判。耐心大的参与人的这种渴望增加了其谈判对手的优势,使博弈均衡结果发生了改变,与原有的鲁宾斯坦模型结果产生了很大的不同(如图 5-4 所示)。

考察一个重复的讨价还价境况,两个参与人有机会连续地生产一个无限大的"蛋糕",也就是合作剩余。不过,在此我们要对博弈的规则做以下修改:①当且仅当参与人对分割第 n 块蛋糕达成协议时,双方才可以就如何分割第 $n+1$ 块蛋糕展开讨价还价,当参与人对如何分割第 n 块蛋糕长

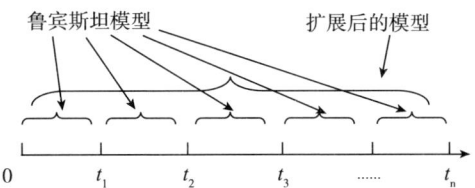

图 5-4 扩展后的模型与鲁宾斯坦模型的关系

久意见不一致达不成协议时,讨价还价终止,无法进入对第 $n+1$ 块蛋糕的讨价还价环节;②参与人分割第 $n+1$ 块蛋糕讨价还价开始的时间由分割第 n 块蛋糕达成协议的时间决定。

此时的重复讨价还价模型可以描述为:两个参与人轮流出价,就分割大小为 π 的蛋糕(合作剩余)进行讨价还价。如果在时刻 t_1 达成协议,$t_1 = 0, \Delta, 2\Delta, \cdots$,其中 Δ 为两次出价之间的时间间隔,然后在时刻 $t_1 + \tau$ 参与人继续轮流出价对第 2 块大小为 π 的蛋糕进行讨价还价,依此类推,协议在 t_2 时刻达成,$t_2 = t_1 + \tau, t_1 + \Delta + \tau, t_1 + 2\Delta + \tau, \cdots$,参与人一旦达成分配协议得到蛋糕,就立刻全部消费,然后在 τ 时间单位后,在时刻 t_2 轮流出价对第 3 块蛋糕进行讨价还价。这个步骤重复进行,但是一旦参与人在某个时刻达不成分配协议,讨价还价过程即结束,不会进入下一步对新蛋糕的讨价还价。不失一般性,如果参与人 j 关于如何分割第 n 块蛋糕的出价被参与人 i 接受,那么在对第 $n+1$ 块蛋糕进行分割时,参与人 i 首先出价。假设参与人 1 在时刻 0 首先出价。

5.2.5.2 无限次重复讨价还价博弈模型的构建

在无限次重复讨价还价博弈模型中,分别对每个参与人的支付进行分析。如果 $N = 0$,意味着参与人对蛋糕分配长久达不成协议,那么每个参与人的支付均为 0;如果 $1 \leqslant N \leqslant \infty$,意味着参与人分割了 N 块蛋糕,但对第 $N+1$ 块蛋糕的分配达不成协议,此时,参与人 i ($i = 1, 2$) 在讨价还价博弈中的支付为 $V_i = \sum_{n=1}^{N} x_i^n \exp(-r_i t_n)$,其中,$x_i^n$ 为参与人 i 在第 n 块蛋糕分配中的份额,t_n 为就第 n 块蛋糕的分割达成协议的时间,r_i 是参与人 i 的贴现率。对于每一个 i ($i = 1, 2$),定义 $\theta_i = \exp(-r_i \Delta)$,$\lambda_i = \exp(-r_i \tau)$。根据 Δ 的定义可以知道,θ_1 和 θ_2 刻画的是参与人参加讨价还价博弈的议价成本；而对于 λ_1 和 λ_2，则衡量了将来的讨价还价博弈情形对参与人现在的价值。

对上述讨价还价博弈模型可以这样认为，两个参与人都有机会进行一个无限次的一次性合作，其中，π 表示每个一次性合作中产生剩余的大小，τ 表示该一次性合作发生的频率，所有一次性合作都是分开谈判的。或者可以这样理解，两个参与人有机会通过某种形式的合作产生一个速率为 π 的货币流，它们在一个合约期限内就货币流的分割进行讨价还价，其中 τ 为合约的期限。

假设 x_i^* 是参与人 i 在任一阶段必须出价时的均衡出价，V_i^* 表示在以参与人 i 的出价开始的任一子博弈中参与人 i 的均衡支付。由于讨价还价博弈的不变性，也就是无论何时，任一参与人都必须出价时，它在均衡时的出价均相同，我们可以得到

$$V_i^* = x_i^* + \alpha_i (\pi - x_j^*) + \alpha_i^2 V_i^* \quad (j \neq i) \tag{5.31}$$

对参与人 i 而言，在它必须向参与人 j 出价的任一时点，参与人 j 如果拒绝的话，它所得到的均衡支付为 $\theta_j V_j^*$，因而参与人 j 会接受满足 $\pi - x_i + \lambda_j V_j^* > \theta_j V_j^*$ 的任何出价 x_i（$0 \leq x_i \leq \pi$），拒绝满足 $\pi - x_i + \lambda_j V_j^* < \theta_j V_j^*$ 的任何出价 x_i。

在极端的情况下，若 $\Delta \geq \tau$，即在对蛋糕进行讨价还价的过程中，两个连续出价的时间间隔大于新蛋糕到达的时间，这意味着双方就上一块蛋糕如何分配的讨价还价还未结束，新的蛋糕就已经到了，显然不符合实际，因而假设 $\Delta \leq \tau$，此时参与人在拒绝和接受参与人 j 的均衡出价之间是无差异的，即

$$\pi - x_2^* + \lambda_1 V_1^* = \theta_1 V_1^* \tag{5.32}$$

$$\pi - x_1^* + \lambda_2 V_2^* = \theta_2 V_2^* \tag{5.33}$$

将以上两式代入之前的 V_1^* 和 V_2^*，可以得到

$$x_1^* = \frac{(1-\theta_1\lambda_1)(1-\theta_2)(1+\lambda_2)\pi}{(1-\theta_1\lambda_1)(1-\theta_2\lambda_2) - (\theta_1-\lambda_1)(\theta_2-\lambda_2)} \tag{5.34}$$

$$x_2^* = \frac{(1-\theta_2\lambda_2)(1-\theta_1)(1+\lambda_1)\pi}{(1-\theta_1\lambda_1)(1-\theta_2\lambda_2) - (\theta_1\lambda_1)(\theta_2\lambda_2)} \tag{5.35}$$

在上式中，分别对 θ_1，θ_2，λ_1，λ_2 求导，在 $i \neq j$ 时，可以得到以下结论：

当 $\theta_1 > \lambda_1$，$\theta_2 > \lambda_2$ 时，x_i^* 关于 θ_i 严格递增，关于 θ_j 则严格递减；关于 λ_i 严格递减，关于 λ_j 则严格递增。

对于蛋糕份额 x 和参与人参加讨价还价博弈的议价成本 θ 之间的关系，我们发现，当参与人本人在讨价还价博弈中的议价成本 θ_i 增加时，其所得到的蛋糕份额就多；而当谈判对手的议价成本 θ_j 增加时，该参与人得到的蛋糕份额就少。同样，当将来讨价还价博弈情况对参与人的价值 λ_i 减少时，其所得到的蛋糕份额就多；而当谈判对手的议价成本 λ_j 增加时，该参与人得到的蛋糕份额就多。这与原来鲁宾斯坦博弈的结论存在很大不同。在鲁宾斯坦的结论中，参与人所得到的蛋糕份额与自身的耐心程度呈正比例关系，与谈判对手的耐心程度呈反比例关系；而在这里，由于增加了将来讨价还价博弈情况对参与人价值的影响，结果就发生了根本性的变化。

我们可以这样解释这种变化的原因，由于未来讨价还价博弈对参与人 i 的价值增加，参与人 i 于是提高了对下一块蛋糕继续进行讨价还价的渴求，而参与人 i 的这种渴求毫无疑问地会转化为参与人 j 在讨价还价博弈中的谈判优势。

5.2.5.3　模型的进一步探讨

考虑到将来讨价还价博弈情况对参与人价值的影响，贴现率 r 如果减少的话，就会对参与人的均衡蛋糕份额产生两种截然不同的影响。由于 $\theta_i = \exp(-r_i\Delta)$，$\lambda_i = \exp(-r_i\tau)$，$r_i$ 减少会造成 θ_i 和 λ_i 增加，而从以上结论可以得到参与人的蛋糕份额 x_i 关于 θ_i 严格递增、关于 λ_i 严格递减，此时这两种影响究竟哪一种占据优势地位则需要进行分析。我们可以证明，在一些特殊情况下，某一种影响会超过另外一种影响从而对蛋糕份额分配起到主导作用。下面可以证明，在 Δ 任意小，$\tau > \Delta$，$r_i\tau > 0$ 但是很小时，由 λ_i 产生的影响要大于由 θ_i 产生的影响。这意味着当参与人 i 变得更有耐心时，他会在当前的分蛋糕谈判中进行拖延，以求获得更大的蛋糕份额。但是，当他把眼前的讨价还价看得很重要时，未来的分蛋糕讨价还价的重要性就会在不知不觉中下降，这就降低了他在未来讨价还价中的谈判力。这时，由于"有所得必有所失"并且"所失"大于"所得"，他所分得的蛋糕份额反而减少,从而与鲁宾斯坦模型的结论恰好相反。

固定 $\tau > \Delta$,当 $\Delta > 0$ 但是很小时,$\theta_i = 1 - r_i \Delta$,用它去替换式(5.34)和式(5.35)中的 θ_1 和 θ_2,化简后可以得到

$$x_1^* = \frac{(1 - \lambda_1 + r_1 \lambda_1 \Delta)(1 + \lambda_2) r_2 \Delta \pi}{(1 - \lambda_1 \lambda_2)(r_1 + r_2 - r_1 r_2 \Delta) + (\lambda_2 - \lambda_1)(r_2 - r_1) \Delta} \quad (5.36)$$

$$x_2^* = \frac{(1 - \lambda_2 + r_2 \lambda_2 \Delta)(1 + \lambda_1) r_1 \Delta \pi}{(1 - \lambda_1 \lambda_2)(r_1 + r_2 - r_1 r_2 \Delta) + (\lambda_2 - \lambda_1)(r_1 - r_2) \Delta} \quad (5.37)$$

将式(5.36)和式(5.37)的分子和分母同除以 Δ,然后再令 $\Delta \to 0$,就可以得到 $x_i^* \to z_i^*$。此时,z_1^* 和 z_2^* 的表达式为

$$z_1^* = \frac{r_2 \pi}{r_2 + \varphi_1 r_1} \quad (5.38)$$

$$z_2^* = \frac{r_1 \pi}{r_1 + \varphi_2 r_2} \quad (5.39)$$

其中,$\varphi_1 = \dfrac{(1 + \lambda_1)(1 + \lambda_2)}{(1 - \lambda_1)(1 + \lambda_2)}$,$\varphi_2 = \dfrac{(1 + \lambda_2)(1 - \lambda_1)}{(1 - \lambda_2)(1 + \lambda_1)}$。

当 $r_i \tau > 0$ 但很小时,有 $\lambda_i = 1 - r_i \tau$,用它去替换 φ_1 和 φ_2 表达式中的 λ_1 和 λ_2,可以得到

$$\varphi_1 = \frac{(2 - r_1 \tau) r_2}{r_1 (2 - r_2 \tau)} \quad (5.40)$$

$$\varphi_2 = \frac{(2 - r_2 \tau) r_1}{r_2 (2 - r_1 \tau)} \quad (5.41)$$

将以上两式代入 z_1 和 z_2 的表达式,可以得到

$$z_1^* = \frac{(2 - r_2 \tau) \pi}{4 - (r_1 + r_2) \tau} \quad (5.42)$$

$$z_2^* = \frac{(2 - r_1 \tau) \pi}{4 - (r_1 + r_2) \tau} \quad (5.43)$$

由于 Δ 为两个连续出价之间的时间间隔,当 $\Delta \to 0$ 时,$x_i^* \to z_i^*$,这样我们在研究中可以用 z_i^* 来代替 x_i^*,从而简化问题的求解。当 $\Delta \to 0$ 时,可以得到在讨价还价博弈中参与人的支付分别为

$$V_1^{**} = \frac{Z_1^*}{1 - \lambda_1} \quad (5.44)$$

$$V_2^{**} = \frac{Z_2^*}{1-\lambda_2} \tag{5.45}$$

由以上可得：当 $\Delta \to 0$，$r_i\tau > 0$ 时，V_i^{**} 随着 r_i 的增加而减少。此时，将来讨价还价博弈的价值对参与人支付的影响超过讨价还价成本的影响。

对于 V_1^{**} 和 V_2^{**}，由于 $\lambda_i = 1 - r_i\tau$，显然有 V_i^{**} 和 r_i 呈反比例关系。在扩展的重复讨价还价模型中，一个参与人的贴现率不仅决定了其拒绝出价的成本，而且决定了未来讨价还价博弈对该参与人的价值。假设一个参与人变得更有耐心，则意味着他讨价还价的成本减少，同时也意味着未来的讨价还价对他的价值上升。在进行蛋糕分配时，前一种影响提高了他的讨价还价能力，而后一种影响则降低了他的讨价还价能力。对于后者，因为它更乐意接受出价以便能够继续参加下一块蛋糕分割的讨价还价。当 Δ 任意小且 $r_i\tau > 0$ 时，前一种影响可以忽略，而后一种影响则不容忽视，并且后一种的影响要比前一种大。

实际上，我们可以把重复的讨价还价分蛋糕博弈看作一个由若干短期合约构成的长期企业合约，而把之前的鲁宾斯坦模型看作构成长期合约的一个短期合约。在重复的讨价还价博弈中，越有耐心的参与人越渴望达成一个短期合约的协议，然后继续下一个短期合约的谈判，恰恰是这种渴望，增加了他的谈判对手的优势。在某些情况下，比如 Δ 任意小且 $r_i\tau > 0$ 时，他的谈判对手的讨价还价能力反而超越了他。而在鲁宾斯坦模型中，由于不存在这种渴望，因而避免了上述问题。

5.2.6 结论

耐心是在心理上战胜谈判对手的一种战术与谋略，也是成功谈判的心理基础。在谈判中，耐心表现为不急于取得谈判结果，能够很好地控制自己的情绪，掌握谈判的主动权。更好的耐心能够使参与者在谈判中处于优势地位，从而获得更大的合作剩余份额，西方研究者通过一系列模拟实验已经证实了这一点。大量谈判案例表明：谈判者利用目前力量上的优势，选择那些只考虑自身利益的谈判战略，虽然扩大了自身在这一次谈判中的物质利益，但也减少了与对方进一步合作的机会。谈判中的机会成本可以从多个角度衡量，如从事某一项目谈判的机会成本、与特定对手谈判的机会成本等。在战略选择中,主要应该考虑的是战略选择的机会成本。谈判人员应当在充分分析和研究的基础上,比较运用不同战略的成败得失,最终选择适合自己的战略,以期达到最佳的谈判效果。

5.3 市场稀缺程度影响下知识型企业人力资本讨价还价能力博弈分析

5.3.1 知识型企业人力资本和物质资本市场稀缺程度分析

稀缺性是经济学研究的基本出发点,稀缺意味着某种程度的垄断和不易获取。毫无疑问,资源的稀缺程度越高,其所有者的谈判力就越强。黄桂田和李正全(2002)认为,谈判力来自于投入的稀缺程度和可替代性,相对稀缺、不可替代的投入具有较强的谈判力。如果某种资源的供给是充足的,那么对它的拥有不会增加其所有者的谈判力。只有当某种要素十分稀缺且没有切实可行的替代品时,才能使他人对该要素的所有者产生某种程度的依赖,从而增强该要素拥有者的谈判力。

在知识型企业中,人力资本与物质资本对企业合作剩余的分配关系,主要与双方在要素市场上的供需关系密切相关。我国现阶段,知识型企业面临较为严重的资金短缺,大量拥有专利技术的人力资本苦于难以找到对应物质资本与之开展合作。据统计,我国每年具有应用前景的专利技术有10万项以上,但专利实施率不到10%,科技成果转化为商品最终形成工业规模的仅占2%~8%,远低于美国60%~80%的平均水平。我国虽然拥有丰富的科技资源,但智力资本被浪费的现象十分严重。我国大部分基础研究成果(90%)不会创造种子企业,大部分种子企业(85%~90%)无法成长为工业规模的企业。从高科技产业三大要素分析,种子企业阶段高科技企业发展的关键要素在于充足的风险资本。2005年,我国科技成果转化资金应为1960亿元,而实际投入仅为334.5亿元,只有理论资金需求的12%。此外,调查显示,目前仅中关村科技园区就有超过2万家的高科技企业资金不足，资金总量需求缺口在 1000 亿元以上。① 经过几十年的发展，中国目前的科技人力资源已经相当丰富。以 2008 年为例，全国研究与发展（R&D）折合全时人员达 196.54 万人年，其中科学家和工程师 159.34 万人年；全国设立博士后科研流动站 2146 个，博士后科研工作站 1642 个，博士后研究人员达 7 万多人，博士毕业人员 41460 人；高校应届毕业生为 559 万人。② 人力资本和物质资本供需的巨大差异，造成我国目前知识型企业的合作剩余分配中，从总体上来说，人力资本处于相对弱势的地位，所享有的剩余分配份额和物质资本差异较大。在知识型企业中，从风险投资的回报状况可以清楚地看出在合作剩余分配方面两者的差异。以浙江天堂硅谷创业投资集团为例，其对高科技企业鑫富药业的初始资本投入为 200 万元，退出时获利达 3 亿元；该集团对莱宝科技的投资回报也十分惊人，投资金额是 4000 多万元，退出时获利近 10 亿元。③ 在以风险投资为代表的物质资本的投资回报中，虽然不可否认其中存在风险回报的成分，但利用知识型企业人力资本对资金的迫切需求侵占其应得的部分也是不争的事实。在美国，知识型企业的人力资本所有者大部分可以成为百万富翁甚至亿万富豪，而在中国，这种可能性平均而言要小很多，虽然在个别案例中也可能有这样的例子，但从整体而言，中国知识型企业中人力资本所有者在企业合作剩余分配中的份额还是相当小的。究其原因，应该与中国目前人力资本严重过剩的经济现状有关。知识失业（Educated Unemployment）就是明显的例子。根据国际劳工局的定义，知识失业是指一部分受过较高教育的知识界劳动者找不到工作或屈身做原本文化程度较底的人所从事的工作。自 20 世纪 90 年代末以来，我国高等教育招生规模不断扩大，这在绝对数量方面大幅度增加了高等教育的供给，从而增加了知识劳动者的供给，目前已实现了从精英教育向大众教育的转变。与此相对应的是，受制于经济发展水平及其相关结构的影响，劳动力市场对高等教育的客观需求在一定时期内基本保持稳定，大学生面临着较大的就业压力。有关资料显示，知识劳动力总体过剩几乎已成定论。"十一五"期间，

---

① 资料来源：知识产权保护将有新变化，科技信息参考，2007 年第 2 期。
② 资料来源：中国的人力资源状况，中华人民共和国国务院新闻办公室，2010 年 9 月。
③ 资料来源：浙江天堂硅谷创业投资集团网站．http://www.ttgg.com.cn。

我国可提供的劳动岗位为4000万个，每年平均为800万个（其中绝大多数是"蓝领"劳动者，这些岗位是大学毕业生都不愿意去的）。而高学历人才正在以30%的速度增长，2006年全国高校应届毕业生为413万人、2007年为495万人、2008年达559万人，2009年达611万人，2010年达631万人，这就意味着知识劳动者的就业压力将空前巨大，相当一部分有专业知识的劳动者将处于失业状态。①

在这样的社会大背景下，即使是在知识型企业中，同样存在严重的物质资本剥削人力资本的现象。据新闻报道，中国最为知名的知识型企业华为公司，员工的办公桌下大多放着床垫、被褥，加班太晚的话大多数人会选择在办公室过夜，这就是华为著名的"床垫文化""加班文化"。此外，华为在管理上还奉行"狼性文化"，严厉的绩效考核制度让不少员工时刻都感觉到自己有被淘汰出局的可能，由于工作压力太大，近几年已经有30多名技术研发人员自杀或者猝死。而在收入分配上，资深研发人员的平均年薪也不过10万~20万元，一般技术人员的年薪仅为3万~5万元，与其他行业并无显著差异，技术人员的工资总和远远低于股东们的分红。② 从某种程度上说，中国知识型企业的人力资本所有者实际上已经沦为所谓的高科技民工。

在我国经济的其他领域，这种资本压迫人力的现象则更为严重。国民收入初次分配格局的形成，较好地反映了我国物质资本和人力资本的博弈关系。初次收入分配是指对投入生产要素（劳动、土地、资本）的回报，包括工资和薪金、租金和赁金、利息和利润。工资和薪金是对付出劳动的报酬；租金和赁金是对提供地产或者一段时间内转让其他实物资本的回报；提供货币就能得到利息，利润或亏损则是对企业家的风险奖惩。初次收入分配主要发生在雇主与雇员之间，特别是发生在资本与劳动之间。相关研究结果表明，改革开放以来，我国收入分配格局变化的一个重要现象是，劳动者报酬占国内生产总值的比重不断下降。根据曾湘泉（2009）按

---

① 资料来源：关注高校毕业生就业形势，搜狐网2006年专题. http://business.sohu.com/s2006/daxueshengjiuye/.

② 资料来源：华为公司"奋斗者协议"事件内幕调查，北京劳动仲裁律师网站. http://china.findlaw.cn/law/? uid-462584-action-viewspace-itemid-42742.

照省际收入法对 GDP 构成数据的测算,我国劳动者报酬占 GDP 的比重 1990 年为 53.40%、1995 年为 52.80%、2000 年为 51.40%、2006 年为 40.61%、2007 年为 39.74%。2007 年与 2000 年相比,劳动报酬占比下降了 11.66%[①]。这意味着,随着市场力量发挥的作用越来越大,初次分配格局中劳动者报酬所占比重逐步下降,已成为要素市场典型化的特征。物质资本所有者获得了扩大的产权权益,劳动者没有获得与其投资和贡献相匹配的收入(有时甚至连保值收入都得不到,如农民工的工资),劳动者创造的剩余价值几乎全部为资本所有者拥有,由此导致了初次分配中劳动、资本分配比率不当,劳动者收入偏低的状况。[②]

人力资本与物质资本相结合才能实现价值的增值,二者之间的矛盾关系表现为物质资本与人力资本所有者在企业创造价值的过程中分配增值成果的博弈过程。这种博弈过程的结果严重依赖于双方在市场上的供需稀缺程度的对比关系。

5.3.2 相关理论研究回顾

在知识型企业人力资本和物质资本合作剩余分配的研究方面,美国经济学家 M. L. 威茨曼在 20 世纪 70 年代提出了由劳资共享收益分配的观点。在分享制下,是通过劳资协调确定工人和雇主在企业收入中所占的分享比率,有利于实现激励效应与劳资相融效应。威茨曼建议政府用减税、立法等形式来促成分享经济的实施。Inderst 和 Muller(2004)从外部选择权的角度,通过构建帕累托有效的合约边界(contract frontier),研究了外部资本市场环境对讨价还价能力及最终收益分配合约(双方股权份额的比例)的动态影响。笔者认为,资本市场的竞争程度越高,创业者的外部选择权就越多,在与投资者讨价还价时,就越处于有利地位,表现在合约上就是拥有更多的股权份额。安实、王健和何琳(2002)运用博弈论的有关方法,分析了控制权在高科技企业内部分配的博弈过程,研究了控制权分

---

① 资料来源:专家称初次分配拉大贫富差距系收入改革重点. http://news.sina.com.cn/c/sd/2010-08-05/092920831458.shtml.

② 资料来源:曾湘泉,我国劳动报酬占 GDP 比重十年来一直下降. http://news.sohu.com/20091210/n268849688.shtml.

配的博弈目标、风险投资决策前的博弈、控制权分配谈判中的博弈和控制权执行中的博弈。王博文（2010）从创业融资出发，分析了创业者以自己企业的部分股权向风险投资公司融资的过程中，双方就股权价值展开的对价博弈，梳理了在这种对价博弈中的影响因素，构建了双方的讨价还价博弈模型。党兴华、赵巧艳和黄正超（2005）则主要围绕与创业投资有关的股权分配及激励兼容问题，将创业资本家努力因素引入收益函数，建立了在创业资本家和创业企业家均衡努力情况下的最优股权分配模型。王红梅（2009）通过对知识型企业的性质的探讨，提出了企业剩余索取权与控制权分配谈判力的影响因素，解析了创业者与创业投资者剩余索取权与控制权的分配过程，并对创业者与创业投资者对创业企业资本增值所做贡献等问题进行了分析。曾代富和董志强（2004）通过一个可以中途退出谈判的讨价还价模型，刻画了存在失业利益条件下的工人和企业之间的工资议价行为，结论是：失业利益将加强工人的工资要价能力，降低工人求职的努力程度，过高的失业利益甚至会导致工人提前结束谈判，而过低的失业利益则会导致工人在各阶段的工资要价都较低；由于信息不对称，企业可以凭借信息优势对工人的要价进行压价等。李炳炎（2005）认为，造成我国收入差距偏大的一个重要原因，是在改革过程中实行的是古典的企业产权制度所决定的分配方式，即由生产资料所有权决定其他所有的经济权利，追求利润最大化，尽可能压低工人的工资。由于我国劳动力市场上劳资双方的谈判力严重不对称，不仅分散的劳动者个体处于弱势地位，劳动者整体也处于弱势地位；雇主则处于优势状态，具有垄断者的特点。

5.3.3 考虑市场稀缺条件的讨价还价博弈分析

5.3.3.1 博弈模型的构建

本部分的目的是研究市场稀缺程度对知识型企业人力资本在合作剩余分配中谈判能力的影响。在现实经济生活中，劳动力市场的特点决定了参与合作剩余分配议价博弈主体的分配情况。知识型企业的员工以高校毕业的知识型劳动者为主。由于在人力资本供给方面的过剩，知识型企业中人力资本面临的是一个激烈竞争的劳动力市场，而知识型企业的物质资本处于买方垄断地位。我们就此建立模型，对以上情形进行描述并分析其对博弈均衡结果的影响。

假定市场上只有一个物质资本所有者，N 个人力资本所有者，这样更符合中国的现实。人力资本所有者之间彼此独立，相互之间不存在串谋。每个人力资本所有者对自己的保留合作剩余分配比例①为 ν_{B1}，ν_{B2}，$\cdots$，ν_{BN}，一般而言，ν_{B1}，ν_{B2}，$\cdots$，ν_{BN} 往往会存在一些差异，并且 ν_i（$i = B1$，$B2$，$\cdots$，BN）为人力资本所有者 i 的私人信息，物质资本所有者和其他人力资本所有者不清楚 ν_i 的确切值，但知道在 ν_i 区间 $[0, 1]$ 上服从均匀分布，这些是所有人力资本所有者和物质资本所有者的共同知识。物质资本所有者宣称，他将和所有人力资本所有者中给予自己合作剩余分配比例最大的人力资本所有者合作（此时，假定所有人力资本能力一样，对知识型企业而言，应该是物质资本和要价最低的人力资本合作，符合经济人理性假设）。所有人力资本所有者均知道物质资本所有者这一选择，也知道物质资本所有者将和所有人力资本所有者中给予物质资本所有者合作剩余分配比例最大的人力资本所有者合作，因而会在最大化自身效用的前提下认真出价，给物质资本所有者一个合适的合作剩余分配比例。在这里，由于物质资本所有者的选择为共同知识，所有人力资本所有者被迫进行集体博弈，出价最低者与物质资本所有者合作，每个人力资本所有者都彼此竞争以赢得博弈。

忽略双方的讨价还价成本，假定 N 个人力资本所有者出价中给予自己的合作剩余分配比例为 λ_{B1}，λ_{B2}，$\cdots$，λ_{BN}；人力资本所有者 i 的出价 $\lambda(\nu_{Bi})$ 是其保留合作剩余分配比例 ν_{Bi} 的严格递增可微函数，$0 \leq \lambda(\nu_{Bi}) \leq 1$ 是博弈双方的共同知识。将 $\lambda(\nu_{Bi})$ 记为 λ_{Bi}，此时，物质资本所有者的问题为

$$\max_{\lambda_{Bi} \in \lambda_B} (1 - \lambda_{Bi}) \tag{5.46}$$

其中，$\lambda_B = (\lambda_{B1}, \lambda_{B2}, \cdots, \lambda_{BN})$。

设 λ_B^* 为上述问题的最优解，对应人力资本所有者的保留价格为 ν_B^*，物质资本所有者与出价 λ_B^* 的物质资本所有者合作。

---

① 保留合作剩余分配比例指人力资本所有者愿意和物质资本所有者合作时自己在企业中所占的最低合作剩余分配比例。

设人力资本所有者 i 的出价为 λ_{Bi}，则其支付为

$$u_i\ (\lambda_{Bi} m \lambda_{Bj},\ \lambda_{Bi}) \begin{cases} \lambda_{Bi} - \nu_{Bi}, & \lambda_{Bi} < \lambda_{Bj} \\ (\lambda_{Bi} - \nu_{Bi})/N, & \lambda_{Bi} = \lambda_{Bj} \\ 0, & \lambda_{Bi} > \lambda_{Bj} \end{cases} \quad (5.47)$$

这里假设 j 为除 i 之外的 $N-1$ 个任一人力资本所有者，如 $\lambda_{Bi} = \lambda_{Bj}$ 表示人力资本所有者 i 与其他任一人力资本所有者 j 的出价均相等，所有 N 个人力资本所有者的出价均相等时，物质资本所有者随机地选择其中的一个进行合作。但在实际中，这种情况极其少见，因为所有 N 个人力资本所有者的出价均相等的概率几乎为 0。

由于 N 个人力资本所有者之间的博弈是对称的，均衡时对于任意一个人力资本所有者 i 有 $\lambda_{Bi} = \lambda_B^*$ 成立。给定 ν_B^* 和 λ_B^*，人力资本所有者 i 的期望支付为

$$u_i = (\lambda_{Bi} - \nu_{Bi}) \prod_{j \neq i} prob(\nu_{Bi} < \lambda_{Bi}) = (\lambda_{Bi} - \nu_{Bi})(1 - \Phi(\lambda_{Bi}))^{N-1} \quad (5.48)$$

其中，$\prod_{j \neq i} prob(\nu_{Bi} < \lambda_{Bi}) = (1 - \Phi(\lambda_{Bi}))^{N-1}$ 是人力资本所有者 i 出价低于其他 $N-1$ 个人力资本所有者的概率，即人力资本所有者 i 和物质资本所有者合作的概率。$\lambda_{Bi} - \nu_{Bi}$ 是人力资本所有者和物质资本所有者可以讨价还价的部分，这里我们认为人力资本所有者能够做出让步的仅仅是自身保留合作剩余分配比例（心理最低合作剩余分配比例）以上的部分，如果人力资本所有者认为自身的合作剩余分配比例低于心理最低合作剩余分配比例，就会退出该谈判。公式中的 $\prod_{j \neq i} prob(\nu_{Bi} < \lambda_{Bi}) = (1 - \Phi(\lambda_{Bi}))^{N-1}$ 可由以下过程得出：定义 $prob\ (\nu_{Bi} > \lambda_{Bi})$，由于 λ_{Bi} 在 [0, 1] 区间上均匀分布，有

$$prob\ (\nu_{Bi} < \lambda_{Bi})\ =\ (1 - \Phi\ (\lambda_{Bi})) \quad (5.49)$$

由于博弈是对称的，均衡时其他 $N-1$ 个人力资本所有者也像人力资本所有者 i 一样出价，即 $\lambda_{Bj} = \lambda_B^*$，$j \neq i$，于是有

$$\prod_{j \neq i} prob(\nu_{Bi} < \lambda_{Bi})\ =\ (1 - \Phi(\lambda_{Bi}))^{N-1} \quad (5.50)$$

对于 $u_i = (\lambda_{Bi} - \nu_{Bi})\ (1 - \Phi\ (\lambda_{Bi}))^{N-1}$，最优化一阶条件为

$$(1 - \Phi\ (\nu_{Bi}))^{N-1} + (N-1)\ (\lambda_{Bi} - \nu_{Bi})\ (1 - \Phi\ (\lambda_{Bi}))^{N-2}\ (-\Phi'\ (\lambda_{Bi})) = 0 \quad (5.51)$$

此时有 $prob(\nu_{Bi} < \lambda(\nu_{Bi})) = prob(\lambda^{-1}(\nu_{Bi}) < \nu_{Bi}) = 1 - \lambda^{-1}(\lambda_{Bi})$

其中，$\lambda^{-1}(\lambda_{Bi})$ 为 $\lambda(\nu_{Bi})$ 的反函数。

因为 $prob(\nu_{Bi} < \lambda_{Bi}) = (1 - \Phi(\lambda_{Bi}))$，故有

$$\Phi(\lambda_{Bi}) = \lambda^{-1}(\lambda_{Bi}) \tag{5.52}$$

因为博弈均衡时 N 个人力资本所有者的出价有 $\lambda_{Bi} = \lambda_{Bj} = \lambda_B^*$，$i \neq j$，因此，当博弈均衡时

$$\Phi(\lambda_B^*) = \nu_B^* \tag{5.53}$$

于是 $(1 - \Phi(\nu_{Bi}))^{N-1} + (N-1)(\lambda_{Bi} - \nu_{Bi})(1 - \Phi(\lambda_{Bi}))^{N-2}(-\Phi'(\lambda_{Bi})) = 0$ 的最优化一阶条件转化为

$$1 - \nu_B^* = (N-1)(\lambda_B^* - \nu_B^*)\frac{d\nu_B^*}{d\lambda_B^*} \tag{5.54}$$

因为初始条件下 $\nu_B^* = 1$ 时，$\lambda_B^* = 1$。

解一阶微分方程可得

$$\lambda_B^* = \nu_B^* + \frac{1 - \nu_B^*}{N} \tag{5.55}$$

5.3.3.2 物质资本所有者的最优选择

N 个人力资本所有者和 1 个物质资本所有者进行谈判时，人力资本所有者最后的出价为 $\nu_{Bi}^* + \frac{1 - \nu_{Bi}^*}{N}$，$i = 1, 2, \cdots, N$，物质资本所有者与自身要求合作剩余分配比例最低的人力资本所有者合作。

在上述公式中，ν_B^* 为人力资本所有者的保留合作剩余分配比例，$(1 - \nu_B^*)$ 为双方讨价还价的部分。人力资本所有者之间存在竞争关系，当 $N \to \infty$ 时，人力资本所有者获得的剩余接近于 0，物质资本所有者获得博弈双方的总福利，因而，物质资本所有者总是倾向于寻求与更多的人力资本所有者谈判。

5.3.3.3 市场稀缺程度对人力资本的影响

根据劳动经济学的相关理论，劳动力供给短缺可以在一定程度上增加劳动者进行选择的范围。在这种情况下，劳动者拥有一定的选择权对微薄的工资、长时间的加班和有害的工作环境加以拒绝，这就迫使这些行业因为招募不到合适的劳动者而不得不提高工资，从而使总体工资水平形成上

涨的压力，劳动者也因此在初次分配格局中处于相对有利的地位。如果劳动力供给严重过剩，劳动者迫于生存的巨大压力，选择的范围和可能性变小，进而导致相对谈判能力变弱，在初次分配格局中就会变得相对不利，很难争取到较大的合作剩余分配份额。经验上的观察可以直接证明这一点。在欧美发达国家，整个社会的失业率较低，劳动力供给大于需求的情形要比中国小得多，人力资本在企业合作剩余分配谈判中处于较为有利的地位。在中国现阶段的知识型企业中，由于人力资本供应过剩，人力资本所有者之间存在激烈的竞争关系，而物质资本相对而言则较为匮乏，其所有者在谈判博弈中明显处于有利地位。因此，人力资本在合作剩余分配中面临的处境显然不利。

在模型中，ν_B^* 为人力资本所有者的保留合作剩余分配比例，$(1-\nu_B^*)$ 为双方讨价还价的部分。我们可以得出以下结论。

结论一： 由于知识型企业物质资本所需要的人力资本之间存在激烈的竞争，从而降低了人力资本在合作剩余分配中得到的支付和讨价还价的能力。

在经济生活中，衡量市场竞争程度的标准是谈判双方彼此潜在的竞争对手的多寡。由于在谈判中人力资本的所得为 $\nu_{Bi}^* + \dfrac{1-\nu_{Bi}^*}{N}$，在我国，人力资本数量较多，导致 N 较大，随着 N 的增大，人力资本所有者在与物质资本讨价还价博弈中的所得逐渐减少。当 $N\to\infty$ 时，人力资本所有者仅能得到 ν_B^*，双方用来讨价还价的部分 $(1-\nu_B^*)$ 全部被物质资本所有者拿去。这意味着人力资本所有者在谈判中失去了对双方合作剩余分享的可能性，完全丧失了谈判能力，而物质资本所有者则获得了博弈双方的总福利。

此外，据全国工商联组织的一项针对高科技企业的调查，在工资决定方式上，劳方的力量只占 20%，资方占了 80%。企业内工资议价机制的缺失，使人力资本合作剩余分享偏低很难避免。[①] 事实表明，目前在劳动与资本的博弈中，劳动者所处的位势并不平等，明显处于弱势地位。

---

① 资料来源：民生课题：缓解初次分配失调，四川日报，2008 年 3 月 9 日. http://www.sichuandaily.com.cn/2008/03/09/20080309324464441313.htm.

结论二：采用人力资本集体议价制度，对人力资本摆脱合作剩余分配中的弱势地位具有显著的作用。

在合作剩余分配问题上，人力资本所有者明显处于不公平地位。假设人力资本所有者是一个整体，他们和物质资本再进行讨价还价博弈就明显扭转了自己的不利地位，这就是一个双边垄断的讨价还价博弈过程。此时，$N=2$，双方平分合作剩余$(1-v_B^*)$，人力资本所有者的地位有了明显的改善。

2010年，广东等地出现制造业"加薪潮"就是一个集体议价的例子。在珠三角的东莞地区，来自全国各地"找工"的农民工自发地以十几人、几十人、上百人为单位组成团，推选一名代表，站在人才市场过道或街道路边，听招工企业负责人轮番的竞争"演说"；然后集体分析演讲人抛出的各种条件的利弊和真实性，继而由代表对企业进行"问话"，并提出自己这个"团队"的要价；在一番讨价还价之后，最后做出决定，自己这个"团队"到底跟谁走……农民工们通过人力资本的"集体议价"，微妙地提升了自身的议价能力。[①]

过去几百年市场经济发展的经验教训清楚地告诉我们，生产资料的私人占有和生产的社会化之间的矛盾是资本能够驾驭劳动的主要原因。由于失业队伍的存在对劳动者形成的巨大压力，在现实生活中很难实现私法自治原则倡导的缔结劳动契约自由。单个劳动者和拥有资本实力的资本家相比，处于相对弱势的地位，其劳动权益事实上无法得到保障。在资本主义早期，出于榨取更多剩余价值的考虑，资本家经常随意解雇劳工和大量裁员。劳动者为了维护自身正当权益，逐渐组织起来以工会的方式与资方谈判，迫使其做出让步。经过长期不懈的斗争，直到近百年来，各国政府才迫于压力完善劳动法制建设，组建工会和罢工成为合法行为，从而迫使资本做出让步。在这一阶段，资本和劳动力的博弈不再呈现一边倒的趋势，原本处于弱势地位的劳动者通过加入各种各样的工会组织，增强了自身在企业合作剩余分配中的谈判力，在一定程度上实现了与处于强势地位

[①] 资料来源：加薪时代：制造业农民工集体议价，21世纪经济报道，2010年7月19日. http://www.21cbh.com/HTML/2010-7-20/.

的资本的抗衡，有效地改善了自身的处境。对于知识型企业，人力资本只有联合起来，才可以达到同样的效果。

5.3.4 结论

在中国现阶段，知识型企业中的人力资本所有者和传统企业中的劳动者一样，在合作剩余分配上的话语权并不能自动获得，在劳动关系中处于天然的弱势地位。在这种情况下，人力资本所有者的话语权只能通过工会即人力资本的联合来集体行使，行使的方式就是工会和企业之间的集体谈判。工资谈判是在物质资本所有者和劳动者个人之间个别进行的，由于劳动者个人无法遏制劳动者相互之间的竞争，因而无法抵抗工资下降的趋势。劳动者个人只能组织起来，让工会代表自己进行集体谈判，与雇主和雇主集团做斗争，才能获得合作剩余中的更大份额。集体谈判的主要特点是有效地遏制了工人之间的竞争，使劳动者成为劳动供给的垄断者，并力图使劳动市场成为卖方垄断市场，因而可以显著地提高自身的谈判能力。集体谈判赋予了人力资本在收入分配中的话语权，对提高其在合作剩余分配中的谈判能力具有重要的现实意义。

第 6 章
CHAPTER 6

知识型企业合作剩余分配的合作博弈分析

6.1 知识型企业内人力资本的多样性和贡献

6.1.1 知识型企业内人力资本的多样性

知识型企业作为知识、信息和人力资本密集的集合体，其中的人力资本显现出不同于传统企业的特性，其中最为显著的特点就是多样性。企业作为通过雇佣关系组成的人力资本团队，并不是一个简单划一的科层组织，而是包含着复杂多样性的内部组织结构。这种复杂多样性主要与人力资本团队中员工的人力资本特征有关。

马歇尔(1842)很早就认识到，企业家才能不同于一般人力资本，对企业运营起着关键作用。熊彼特(1883)指出了科技创新人才的重要性，认为他们可以推翻已有的生产方式，促进企业的跨越式发展。希克斯(1965)明确提出，对人力资本的同质型假设存在重大缺陷，人力资本由于其知识积累和受教育程度的差异存在重大的差异。我国学者丁栋虹(1999)从对企业贡献的角度对人力资本进行了区分，认为人力资本的本质在于其报酬递增性，凡是具有报酬递增能力的人力资本均为异质资本，而由报酬递增演变为报酬递减的人力资本为同质资本，企业本质上是由异质型人力资本主导的组织。李忠民和冯子标(2000)把人力资本概念看作马克思劳动力商品概念的逻辑延伸，他们把人力资本划分为不同层次，把一般劳动力作为初级形态人力资本，把技能、管理和创新型等具有较强增殖性的群体称为高级人力资本。魏杰(2000)从企业性质的角度，把人力资本看作一种制度安排，认为人力资本只有企业家和技术创新者。

对知识型企业而言，知识是最有价值的资产，知识型企业是一种知识密集型组织。从人员构成的比例上说，知识型企业拥有的管理型和科研型这两类具有创新精神的人力资本存量极高。具有创新精神的人力资本的创新活动往往会突破既定技术或制度的"瓶颈"约束，引起组织生产可能性边界外移或生产函数的上移，从而产生边际效益递增效应。因此，根据人力资本在知识型企业中的贡献，可以将其分为四种类型：管理型人力资本、科研型人力资本、技术型人力资本和通用型人力资本。①

在知识型企业的合作剩余创造中，不同类型的人力资本的作用是不同的。管理型人力资本表现为对企业的运营才能，在知识型企业中，管理型人力资本通过对市场机会的判断，承担创业的不确定性风险，操控企业完成对市场的开拓；科研型人力资本主要是从事与企业发展密切相关的研究开发人员；技术型人力资本指那些具有企业发展所依赖的某种专门技术和工作技巧的人才；通用型人力资本是指具有普通技能的劳动者，在知识型企业中具体表现为除管理型人力资本、科研型人力资本、技术型人力资本以外的普通劳动者。不同类别的人力资本在知识型企业里呈现出不同的生产力形态，为企业合作剩余的实现做出了不同的贡献。

人力资本是一种"活"的资本，往往难以监督或监督成本很高。人力资本的价值发挥不能依靠"压榨"，只能依靠"激励"，因此，人力资本的创新活动产生的边际收益递增程度取决于对其激励的适当性。知识型企业是由管理型人力资本、科研型人力资本、技术型人力资本和通用型人力资本组成的一个"能力集合体"。其中，管理型和科研型这两类具有创新精神的人力资本是企业的核心资源，是决定企业绩效的关键因素，也是保持企业长期竞争优势的源泉，这两类人力资本的贡献也明显高于通用型人力资本和技术型人力资本，因此可以说人力资本存在明显的多样性。人力资本的这种差异性为不同水平的风险承担提供了主观上的能力基础，也决定了知识型企业人力资本在合作剩余分配时的激励特征。

6.1.2　知识型企业多样化人力资本的贡献性

在古典和新古典经济学的文献里，对企业合作剩余收益的分享主要是从企业收入分配的角度进行研究的。18世纪法国经济学家萨伊在亚当·斯密财富分配理论的基础上提出了三要素分配理论。萨伊认为，商品的效用和价值是由劳动、资本和土地共同创造的，并由它们各自提供的"生产性

---

① 曹曙林. 知识型企业人力资本所有者分享剩余收益研究[D]. 中南大学，2006.

服务"所决定。因此,各要素的所有者应分别依据各自提供的生产性服务,取得各自应有的收入,劳动所有者获得工资,资本所有者得到利息,土地所有者得到地租。萨伊的分配理论是西方经济学分配理论的基础。克拉克将经济学的资本生产理论和19世纪70年代的边际效用理论结合起来,作为分析收入分配的依据,他把边际生产力分为劳动力递减和资本生产力递减两方面,用劳动生产力递减解释工资的决定,用资本生产力递减解释利息的决定。按照克拉克的观点,各种要素所有者的收入由它们的边际生产力决定。

古典经济学和新古典经济学承认各种生产要素都有其"生产力",参与了企业的生产创造活动,但他们却一致先验性地认为资本所有者理应获得企业的所有剩余收益,而将人力资本所有者排斥在企业合作剩余分享者之外。马克思对古典经济学的分配理论提出了严厉的批判。马克思认为,劳动是一切价值的源泉,创造新价值的是"可变资本",而作为"不变资本"的生产资料等只不过是在生产过程中通过劳动者的劳动将其价值转移到新产品中去,根本不可能创造新的价值。马克思通过劳动价值论和劳动原则得出劳动者应完全分享企业剩余的观点。

新制度经济学关于企业合作剩余收益分配的研究,在科斯的交易费用理论基础上得到了长足发展。契约理论在分析企业性质的基础上,分析了企业剩余索取权的分配问题。杨小凯的"管理才能间接定价理论"突出了企业家人力资本的特殊性,分析了企业家人力资本的功能是承担不确定性和企业内管理、决策及协调等不可替代的工作,由于管理知识的交易费用极高,将管理知识生产者当作雇主来交易是对管理能力的间接定价,因此拥有不确定收益的补偿。和非人力资本相比,人力资本与其所有者不可分离的产权特征是一种天然属性。对此,周其仁(1996)认为,人力资本产权的这一特性使人力资本非"激励"难以调度,因而,"除了用类似分成租合约(sharecropping contract)这样的制度安排,即由企业家人力资本的所有者分享企业经营的剩余,企业家才能是无法被'激励'出来的"。在知识型企业中,各种类型的人力资本依靠自己拥有的知识、技术和能力,不仅完成了相应的工作,获得了相应的报酬,而且帮助企业实现了技术创新、管理创新和决策创新，为企业合作剩余的实现做出了应有的贡献。①

6.1.2.1 管理型人力资本的贡献

管理型人力资本是知识型企业实现团队生产最为重要的资源。通过对市场机会的识别和把握，管理型人力资本作为创新活动的组织者和推动者，以整合和激发企业系统的创新来创造利润。相对于传统企业，知识型企业存活的不确定性更大，这决定了其对企业家精神更为强烈的需求，尤其是处于创业期和成长期的知识型企业，其生存和发展对企业家精神更为依赖。从某种意义上讲，知识型企业家更接近熊彼特意义上的企业家——富有创新精神、善于识别和把握机会、勇于承担风险。知识型企业技术商业化后所带来的增值，很大程度上和背后的企业家经营才能和创新精神有关。因此，这些利润的创造者理所当然地应该参与企业合作剩余的分配。

6.1.2.2 科研型人力资本的贡献

在知识型企业中，科研型人力资本的创新劳动通过技术和知识的溢出创造更多的价值。科研创新劳动一般不仅包括科技知识的创新，还包括科技知识的传播，这种传播包括企业内部的传播以及向企业外部的传播。在知识经济时代，科研型人力资本在创新活动中会溢出或沉淀一部分企业共有的知识或技术，这些共有知识或技术的积累可以提高其劳动者的人力资本价值，为企业创造更多的价值。在知识型企业中，知识的占有、创新、配置和使用成了创造价值的重要途径，科研型人力资本在价值创造中的贡献得到充分体现。

6.1.2.3 技术型人力资本的贡献

知识型企业中具有工作技能和诀窍的员工，因为具备了行业专用性的特征，体现出与普通人力资本不一样的生产力形态。这些员工在知识型企业工作的过程中，通过"干中学"的方式逐渐具备了特定技能和资源，在对企业价值创造方面呈现出与普通员工不同的报酬递增形态。例如，长期从事某一专业领域工作的员工由于技术熟练而使生产效率提高；营销人员由

---

① 佟爱琴. 知识型企业人力资本介入治理及其制度创新研究[D]. 同济大学，2008.

于掌握了客户资本和关系网络等关键资源和特定的产品技术背景，对知识型企业的贡献递增。

在科学技术高速发展的知识经济时代，各种类型的人力资本是企业实行创新经营、保持技术领先和实现利润最大化的关键。知识型企业可以通过管理型人力资本的团队协调功能，使现有的人力资本发挥出比"单干"更大的作用，同时利用科研型人力资本较强的学习能力，在企业内部人力资本之间进行知识和技能的传播与分享，提高企业的人力资本存量。知识型企业作为一种集中开发利用多样性人力资本、以获取创新利润为目的的组织机构，其核心价值掌握在人力资本所有者手中，因此多样性人力资本所有者应当获得较高的报酬，知识型企业的合作剩余分配对其贡献应该有所体现。

6.2 知识型企业合作剩余谈判的合作博弈分析

企业中的资本、技术、管理和劳动是企业一切财富的源泉，企业是这些主体之间的特殊契约，他们各自利益目标的实现是由相互谈判与重复博弈形成的。在之前的研究中，我们采用二分法将知识型企业视为人力资本和非人力资本共同签署的合约进行分析，但实际情况要复杂很多。例如，人力资本具有多样性，可以分为多种类型。企业各个主体之间，往往存在着错综复杂的关系，比如有些主体会在博弈中彼此合作，也就是所谓的结为联盟，通过联盟改变自身在讨价还价博弈中的谈判能力，而这些是之前二人讨价还价博弈所无法分析的，因而需要用合作博弈的理论展开分析。在此情况下，知识型企业就可以被看作企业内多种主体形成的组织。多种主体共同构成企业的特质性资源，并通过谈判分享由企业特质性资源产生的合作剩余，从而达到一种组织帕累托均衡，即"假设谈判一方以撤出合作博弈作为最有力威胁，没有任何一方期望在破坏合作又没有造成损失的情况下获得效用的增进"。而组织均衡的实现与合作剩余的内部分配状况密切相关，这就需要我们将二人博弈推广到多人博弈，从合作博弈的角度对知识型企业合作剩余分配进行研究。

在之前关于二人纳什谈判解 $\varphi(s, u^*, v^*)$ 的讨论中，$S \subset R^2$ 是双方通过讨价还价可能达到的结果集，(u^*, v^*) 为谈判的初始参考点，利用纳什公理化体系，可以通过求解 $\max\limits_{(u,v)\in s}(u-u^*)(v-v^*)$ 达到一组谈判解 (u, v)。我们将从两人讨价还价推广到 n 人讨价还价，设 $N = \{1, 2, 3, \cdots, n\}$ 是局中人的集合，$U \subset R^2$ 是局中人通过讨价还价可能达到的结果集。假定 $(d_1, d_2, d_3, \cdots, d_n)$ 是当谈判者们达不成协议时的保留支付，将其作为谈判的初始参考点，将纳什公理体系推广到 n 人情形，则可得到 n 人纳什谈判解的唯一结果为 $(\bar{d}_1, \bar{d}_2, \bar{d}_3, \cdots, \bar{d}_n)$。其求解通过下式来决定：

$$\max(u_1 - d_1)(u_2 - d_2)\cdots(u_n - d_n) \quad (6.1)$$
$$u_i > d_i, \quad i = 1, 2, 3, \cdots, n$$
$$s.t\, (u_1, u_2, u_3, u_n) \in U$$

但是，在 n 人谈判情形中，上述解法往往会因为联盟的出现而失效，导致均衡结果严重偏离上述 n 人纳什谈判解的结果。

对于 n 个局中人参与的博弈，$N = \{1, 2, \cdots, n\}$，我们称集合 N 的任何一个非空子集 S 为一个联盟。定义如下：设博弈局中人集合为 $N = \{1, 2, \cdots, n\}$，则任意 $S \subseteq N$，称 S 为 N 的一个联盟。对于特殊情况，允许 $S = \varnothing$ 或者 $S = N$，后者称为一个大联盟。

当 $N = n$ 时，N 中联盟的个数为 $C_n^0 + C_n^1 + \cdots + C_n^n = 2^n$。

假定局中人都追求效用最大化，且各局中人的效用单位相同，局中人之间的效用可以相互转移，即存在可转移效用。在可转移效用的合作博弈中，联盟 S 的一个收益 $v(s)$ 表示它加入大联盟进行博弈的机会收益，即联盟 S 独立活动可以获得的最大收益，这就引出了联盟函数的定义。

6.2.1 联盟函数

设博弈的局中人集合满足 $N = \{1, 2, \cdots, n\}$，$v(s)$ 是定义在 N 的一切子集上的实值函数，满足

$$v(\varnothing) = 0 \quad (6.2)$$
$$v(N) \geq \sum_{i \in N} v(\{i\})$$

此时，$v(s)$ 为一个特征函数或者联盟函数，表示联盟 S 通过协调成员企业的策略所能保证得到的最大赢得。特征函数表示对任意一个联盟 S，无论 S 以外的局中人采取什么样的策略，联盟 S 总能通过协调内部成员企业的策

略而得到最大的赢得。按照该定义，则有空联盟的特征函数值为 0，即 $v(\varnothing) = 0$。

在合作博弈 $G = [n, v]$ 中，若对于任意的 $S, T \subset N$，$S \cap T = \varnothing$，都有

$$v(S) + v(T) \leq v(S \cup T) \quad (6.3)$$

则称特征函数 v 具有超可加性。

特征函数具有超可加性的经济意义，即对任意两个独立联盟 S 和 T，它们联合在一起时获得的赢得至少应该有两者单独行动时双方赢得之和那么多。这表明联盟 S 和 T 联合在一起时获得的赢得应该大于等于两者单独行动时双方赢得之和，反之，如果是成本的分摊问题，则表明联盟 S 和 T 联合在一起时所分摊的成本至多等于两者单独行动时的成本之和，这样就在联盟获利或成本分摊问题中充分体现了局中人联盟的必要性。

6.2.2　合作博弈的分配

合作博弈的一个分配是指对 n 个局中人来说，存在一个向量 $x = (x_1, x_2, \cdots, x_n)$，满足：

（1）集体理性原则。

$$\sum x_i = V(S), N = 1, 2, \cdots, n \quad (6.4)$$

其中，$V(S)$ 表示 n 个局中人通过组建联盟 S 而具有的优势所获得的最大收益。该原则说明，各人分配的收益之和就是联盟的最大收益。

（2）个体理性原则。

$$x_i \geq V(i) \quad (6.5)$$

其中，$V(i)$ 表示局中人 i 不与任何人结盟单独经营时所获得的收益。该原则说明，联盟中各人分配到的收益不小于单独经营时所得的收益。

6.3　合作博弈模型的基本解法

合作博弈理论不讨论理性的个人如何达成合作的过程，而是直接讨论合作的结果和收益的分配。合作博弈的基本形式是联盟型博弈，它隐含的假设是存在一个在参与者之间可以自由转移的交换媒介，每个参与者的效用在其中都是线性的。对因为合作而获得的收益进行分配是合作博弈的一

个核心内容，它强调要在联盟内部按协议规则把所得到的支付分配给所有的联盟成员，这对联盟的稳定性和健康发展起到决定性作用。理论上主要有两种求解方法：优超法和赋值法。

核心和稳定集是"优超"准则的重要代表，它们使联盟和个体的合理分配处于一种"优超"状态，以致联盟和个体无法偏离该分配，达到合作博弈的稳定性。谈判集、内核和核仁是"异议"准则的主要代表，它们使联盟和个体对分配的"异议"出发，将"异议"看成是一种"可置信的威胁"，以保障分配的合理性。优超法得到的往往不是空解集就是解集中包含多个元素，因此得不到唯一的解。

赋值法通过规范道德要求的公理化体系来描述解的性状，对每种博弈形式构造一种综合考虑冲突各方要求的折衷的合理结果，而赋予一种"合理性"的分配值，即合作博弈中各博弈方得到的效用分配，并且这种赋予值是唯一的。夏普利值(Shapley value)和班切服势指标(Banzhaf index of power)是主要代表。夏普利(Shapley)在1953年就注意到，每个博弈方在开始博弈之前，可以合乎情理地得到一些报酬，并设计了合作博弈的赋值法进行求解，目标是在综合考虑各合作方利益冲突的情况下求出折衷的合理结果。

6.4 合作博弈的优超法求解

在使用优超法对合作博弈求解时，有两个非常重要的概念需要事先加以定义，也就是优超和异议。

6.4.1 优超

设 $x=(x_1, x_2, \cdots, x_n)$ 和 $y=(y_1, y_2, \cdots, y_n)$ 是合作博弈 (N, v) 中的两个分配，令 $S \subseteq N$，$S \neq \Phi$，如果存在 $x_i > y_i$，$\forall v(S)$，且有

$$v(S) \geqslant \sum_{i \in S} x_i \tag{6.6}$$

则称 x 关于 S 优超，记为 $x \underset{s}{>} y$。

6.4.2 异议

在合作博弈 $G=[n,\nu]$ 中，i 和 j 是两个独立的参与人，$i,j \in N$，对于分配方案 $x \in E(\nu)$，i 和 j 之间存在异议，i 觉得 j 在分配上占了便宜，从而可能阻止一个联盟 $S=\{l_1, l_2, \cdots, l_n\} \in \Gamma_{ij}$，使得

$$\begin{cases} y_k > x_k, & \forall k \in S \\ y(S) = \nu(S) \end{cases} \tag{6.7}$$

我们称这样一个组合 (S, y) 为 i 关于 x 的异议，即 i 可以组建一个不包括 j 在内的联盟，并且在这个联盟中总的所得要比在联盟 x 中更多。

当然，j 也可以针对 i 的异议组织联盟 $D \in \Gamma_{ij}$，设其在 D 中的所得为 z，使得

$$\begin{cases} z_k \geq y_k, & \forall k \in D \cap S \\ z_k \geq x_k, & \forall k \in D/S \\ z(D) = \nu(D) \end{cases} \tag{6.8}$$

此时，集合 (D, Z) 称为 j 针对 i 关于 (S, y) 的反异议。反异议是指 j 有能力组建一个不包括 i 在内的联盟 D，使得在 D 中参与人所得不比在 x 中少。

对于合作博弈，我们把各种类型的人力资本和物质资本看作合作博弈的局中人，假设它们之间存在结成联盟的可能性，建立模型进行分析。

假设在知识型企业合作剩余分配中有 n 个局中人参与博弈，$N=\{1, 2, 3, \cdots, n\}$，N 是全部参与人的集合，则可以建立如下合作博弈模型

$$G(N, V) = \{S_1, S_2, \cdots, S_n; b_1, b_2, \cdots, b_m; V_1, V_2, \cdots, B_i\}$$
$$V_i = f_i(S_1, S_2, \cdots, S_n; b_1, b_2, \cdots, b_m) \tag{6.9}$$

其中，$G(N, V)$ 表示一个有参与方参加的合作博弈；$S_1, S_2, \cdots, S_n$ 表示各参与方的策略空间；$b_1, b_2, \cdots, b_m$ 表示联盟达成的协议；V_i 表示第 i 个参与方的特征函数（得益函数）。

合作博弈 $G(N, V)$ 包含一个参与方 $N=\{1, 2, \cdots, n\}$，策略空间 $\{S_1, S_2, \cdots, S_n\}$，协议集 $\{b_1, b_2, \cdots, b_m\}$，以及联盟的每一个参与方 S

的特征函数 V，实际的 $V(S)$ 可以解释为联盟中当成员合作时所能实现的最大收益或节约的成本。

对于合作博弈，集体理性的实现是以各个参与人个体理性的满足为条件的。因此，如何对合作博弈求解也就是如何在不违背个体理性的条件下实现集体理性，即在合作博弈中如何分配企业合作剩余。假设参加人 i 自己单干可获得的收益为 u_i，而加入企业进行合作生产后集体分配给它的收益为 x_i。对合作博弈而言，要实现各方加入企业产生合作剩余有利可图，就必须找到一个分配方案 $X = (x_1, x_2, x_3, \cdots, x_n)$，使这个方案满足

$$x_i \geqslant u_i, \ i = 1, 2, \cdots, n \tag{6.10}$$

并且有

$$V(N) = \sum_{i=1}^{n} x_i, i = 1, 2, \cdots, n \tag{6.11}$$

在对企业合作剩余的分配中，n 个参与人存在彼此联盟的可能性。此时，设 S_M 是 N 中的一个联盟，$S_M = \{1, 2, 3, \cdots, k\}$，$S_M \in N$，若干个参与人一旦达成结盟协议，由于联盟协议对成员具有约束力，联盟内成员将采取统一的集体行动，设 $V(S_m)$ 为参与人通过联盟 S 可以得到的最大利益。那么，现在之前的合作剩余分配方案 $X = (x_1, x_2, x_3, \cdots, x_n)$ 在满足原来条件的情况下就存在不被 N 中全部成员接受的可能性，联盟 S_M 可能会拒绝这个方案，他们的理由如下：

对于分配方案 $Y = (y_1, y_2, y_3, \cdots, y_n)$，$y_i > x_i$，$i \in S_M$，有

$$\sum_{i \in S_M} y_i \leqslant V(S_M) \tag{6.12}$$

对联盟 S_M 而言，分配方案 Y 显然要比方案 X 对自己有利，也就是称 Y 优超 X。在这里，部分参与人通过联盟 S_M 成功地侵占了企业中其他参与人获得的超额利益。由于联盟 S_M，原来的分配方案 X 无法实现。而其他参与人也有可能形成联盟来维护自己的利益，各方博弈直至最后达到均衡结果。这些结果体现了联盟的稳定性和信息，使联盟和个体的合理分配处于一种"最优"状态，以致联盟和个体无法偏离该分配，达到合作博弈的稳定性。

合作博弈对分配方案提出了更高的要求，不仅要满足个体理性，而且

要满足联盟理性。而对合作博弈而言，当参与人 n 较大时，产生联盟的可能性很多，这就使得对合作博弈的求解变得极为复杂。

6.4.3 合作博弈求解

在合作博弈求解时，以"优超"和"异议"为主要准则，均可以得到稳定的多种均衡结果。核心和稳定集是"优超"准则的重要代表，谈判集、内核和核仁是"异议"准则的主要代表。

6.4.3.1 核心(core)

核心最早由 D. B. Gililes 于 20 世纪 50 年代早期引进，作为研究稳定集合的一个工具，Lloyd S. Shapley 和 Martin shubik 把它发展为一个解的概念。对于可转移支付联盟博弈 (N, ν)，分配集 $E(\nu)$ 中不被任何分配优超的分配，其全体称为核心，记为 $C(\nu)$。

核心是联盟型博弈中一种利益分配的集合。集合中的每一个利益分配方案，均使得没有任何局中人能够通过组成联盟来提高他们自己的总和收益。把核心中的分配作为博弈的解是可行的，因为即使有某联盟 S 喜欢另一分配 y，也会由于 $y(S) > \nu(S)$（超过了联盟 S 的特征函数值）而无法改变，也就是说，核心中的分配使任何联盟都没有能力推翻它。但是，核心(core)概念存在一个致命的缺陷——它经常是空的，即通常找不到一种能够被所有联盟都接受的利益分配方案。

6.4.3.2 稳定集(stable set)

稳定集是由 John Von Meumann 和 Oskar morgenstern(1944)提出的，属于合作博弈中一个解的概念。

设 V 是可转移支付联盟博弈 (N, ν) 中的一些分配的集合。

(1) 如果 ν 中任何两个分配都没有优超关系，则称之为内部稳定的 (internal stable)。

(2) 如果对于 ν 之外的任一分配 y，都有 $x \in \nu$，使 x 优超 y，则称 ν 为外部稳定的(external stable)。

既是内部稳定又是外部稳定的分配集合称为稳定集(stable set)。

稳定集的存在性比核心要好一些，但也并不总是存在的。

6.4.3.3 谈判集(bargaining set)

谈判集又称谈判解或讨价还价解,最早由 Aumann(1964)等提出。[①] 此概念将合作博弈看作一个讨价还价过程,各局中人通过谈判达成协议进而自觉地结成联盟。与核心和稳定集等解的概念不同,谈判集不是从正面来寻求合理的分配方案,而是从反面,从局中人对分配结果的"异议"或不满意的角度来确定分配结果,而这种"异议"或不满意的出现是现实的"可置信的威胁"。因为存在局中人的不满意,于是谈判继续,直至所有人均无"异议"谈判结束时得到大家均认同的分配方案。

在此基础上,谈判集(N, v)的一个满足以下条件的分配 x 称为谈判点,即如果 $\forall i, j \in N$,i 对 j 的任何异议都会遭到 j 对 i 的反异议。博弈(N, v)的所有谈判点构成的集合就是谈判集。显然,谈判集中的任何一点双方均不认同,需要进行谈判才行。谈判集是根据局中人之间可能出现的相互谈判而提出的合作博弈的解的概念,与核心和稳定集相比,其存在性可以得到保证,与 Shapley 值相比,体现出了各局中人通过谈判达成协议结为联盟的过程,但其计算方法复杂,可操作性不强。

6.4.3.4 内核(Kernel)

内核的概念最早由 M. Davis 和 Michael Maschler 于 1965 年提出,通常记为 $K(v)$。

可转移支付联盟博弈的内核是所有满足下列性质的分配的 x 集合:对任一局中人 i 针对任一其他局中人 j 关于 x 的每个异议 s 总有一个 j 对 s 的反异议。

内核是谈判集的一个子集,比谈判集简单,但与核心和稳定集相比,仍为比较复杂的概念。

6.4.3.5 核仁(nucleolus)

核仁的概念由 David Schmeidler 于 1969 年提出。

在合作博弈中,设 $e(S, x) = v(S) - X(S)$ 为 S 关于 x 的超出值。这个值测度了联盟 S 对分配 x 的态度。自然,$e(S, x)$ 越大,分配 x 越不受 S

[①] Aumann 因此而获得 2005 年诺贝尔经济学奖。

欢迎。

设 $\lambda = (\lambda_1, \lambda_2, \cdots, \lambda_n)$，$u = (u_1, u_2, \cdots, u_n)$，如果存在 $1 \leq k \leq n$，使得

$$\lambda_i = u_i, \ i = 1, 2, \cdots, k-1$$
$$\lambda_k \leq u_k \tag{6.13}$$

则称 λ 按照字典顺序小于 u，可以将其记为 $\lambda \overset{L}{\leq} u$。

可转移支付联盟博弈的核仁是所有满足下列性质的分配 x 的集合：对于每一个对 x 的异议 (S, y)，都存在一个对 (S, y) 的反异议。即

$$\{x \in E(\nu) \mid \forall y \in E(\nu), \ \theta \overset{L}{\leq} \theta(y) \} \tag{6.14}$$

核仁是内核的一个子集，通常记为 $Nu(\nu)$。核仁的计算可通过求解一系列线性规划来完成，这在理论上是可行的，但真正要实现这一算法则相当费时，特别是 n 稍大时，几乎无法实现。

以上所介绍的方法以"优超"和"异议"为主要准则，体现了联盟的稳定性和信息，被称为合作博弈的优超解法。但是，这一类解法都有明显的缺陷：要么唯一性很难保证，要么没有求解的通用解法或者解法极为烦琐。这些都给应用带来了很大的限制。在实际中，应用较为普遍的是以 Shapley 值法为代表的赋值法。

6.5　合作博弈模型的赋值法求解

Shapley 值法是 Shapley L. S. 于 1953 年提出的用于解决多人合作问题的一种数学方法。当个人从事某种经济活动时，他们中若干人组合的每一种合作形式，都会得到一定的效益，当人们之间的利益活动存在非对抗性时，合作中人数的增加不会引起效益的减少，这样，全体个人的合作将带来最大效益，Shapley 值法是分配这个最大效益的一种方案。作为多人合作联盟博弈理论中的一种求解方法，Shapley 值法在解决联盟总体利益在各成员之间的公平有效的分配时较为简洁，同时分配结果因为较为合理而易被成员所接受。Shapley 值与参与方对该联盟的边际贡献有关，可以解释为参与者的期望边际贡献。

对于知识型企业，假设有 n 个主体（包括各种物质资本、各种异质型人力资本、通用型人力资本等）都同意合作而形成企业，我们就把它视为一个联盟 N。每个主体的加入都给该联盟带来了价值增值，我们根据各个主体加入联盟给该联盟带来的贡献大小决定对其分配利益的多少。

6.5.1　Shapley 值法的概念

对于合作博弈，局中人之间可以相互协商，共同采取对全体都有利的策略，如果某些局中人对采取的某些特定策略不满意，可以事先订立契约，等博弈完以后再进行补偿，以便大家共同采取的策略能使联盟总体的利益达到最大。因此，博弈完毕后，如何分配共同形成的总体联盟 N 所得的收入 $v(N)$ 就是合作博弈研究的主要任务。

当所有 n 个局中人均参与合作时，$N=\{1, 2, \cdots, n\}$ 为最大的一个联盟，最大的联盟成果记为 $v(N)$。设 x_i 为第 i 个局中人从 $v(N)$ 中获得的分配，$i=1, 2, \cdots, n$，则有

$$\begin{aligned} x_1 &= v(\{1\}), \\ x_2 &= v(\{1, 2\}) - v(\{1\}), \\ x_3 &= v(\{1, 2, 3\}) - v(\{1, 2\}), \\ &\cdots\cdots \\ x_n &= v(N) - v(N-\{n\}) \end{aligned} \quad (6.15)$$

然而上述分配通常与局中人编号的次序有关，如把局中人 $n, n-1, \cdots, 2, 1$ 的编号改为 $1', 2', \cdots, n'$，则有新的分配方案

$$\begin{aligned} x'_1 &= v(\{n\}), \\ x'_2 &= v(\{n, n-1\}) - v(\{n\}), \\ x'_3 &= v(\{n, n-1, n-2\}) - v(\{n, n-1\}), \\ &\cdots\cdots \\ x'_n &= v(N) - v(N-\{1\}) \end{aligned} \quad (6.16)$$

对于局中人，其他编号的次序均有对应的分配方案，由于 n 个局中人编号的次序共有 $n!$ 种，所以对应的分配方案也有 $n!$ 种。为此，取各局中

人分配的平均值作为局中人的平均贡献。

记 $\phi_i(v)$ 为第 i 个局中人的平均贡献，则有

$$\phi_i(v) = \frac{1}{n!}\sum^{\pi}[v(S^i_\pi \cup \{i\}) - v(S^i_\pi)], i = 1,2,\cdots,n \quad (6.17)$$

其中，π 为由 $1,2,\cdots,n$ 组成的所有 n 级排列，$\sum$ 为针对所有的 $n!$ 个不同 n 级排列求和，$S^i_\pi = \{j \mid \pi j < i\}$，显然 S^i_π 为排列 π 中排在 i 之前的那些局中人组成的联盟，将满足 $S^i_\pi = S$ 排列归为一类，上式可以表示为

$$\phi_i(v) = \sum_{i \in s(i)} w(|s|)[v(s) - v(s/i)] \quad i = 1,2,\cdots,n$$
$$w(|s|) = \frac{(n-|s|)!(|s|-1)!}{n!} \quad (6.18)$$

其中，S 为 N 中包含 $\{i\}$ 的所有子集，$|S|$ 为子集 S 中局中人的人数，n 为集合 N 中的局中人个数，$w(|s|)$ 是加权因子，$v(s)$ 为子集 s 的效益，$v(s/i)$ 是子集 s 中去掉合作伙伴 i 后可取得的效益。

可以证明

$$\sum_{i=1}^{n}\phi_i(v) = v(N) \quad (6.19)$$

式(6.19)表明，各局中人在联盟中的平均贡献 $\phi_i(v)$ 之和等于联盟的总"成果"。由此可得，n 人合作博弈的 Shapley 值的表达式如下：

$$\phi(v) = (\phi_1(v), \phi_2(v), \cdots, \phi_n(v)) \quad (6.20)$$

我们可以从概率的角度对 Shapley 值法的基本原理做出解释。假定合作博弈中众多局中人依随机次序形成联盟，各种次序发生的概率假定相等，均为 $\frac{1}{n!}$。局中人与前面 $(|s|-1)$ 人形成联盟 S，局中人对联盟的贡献为 $[v(S) - v(s/i)]$（即边际贡献）。(s/i) 与 (N/S) 的局中人排列的次序共有 $(n-|s|)!(|s|-1!)$ 种，而各种次序出现的概率就是 $(n-|s|)!(|s|-1)!/n!$。根据解释，局中人 i 所做贡献的期望值就是 Shapley 值。Shapley 值法按照联盟中各成员企业的贡献大小进行分配，在一定程度上体现了联盟利益分配的公平与合理。

6.5.2 Shapley 值法的优点和缺点

作为一种合作博弈求解方法，Shapley 值法具有以下优点：

（1）从 Shapley 值法的公式可以看出，成员分得的收益就是该成员在所有可能的子联盟中边际贡献的均值，当其在各子联盟中的贡献较大时，分得的收益也会较大。Shapley 值法从联盟中各局中人的理性假定出发，根据联盟中各局中人给该联盟带来的边际贡献进行合理分配，能够使团体理性和个体理性达到均衡，所提供的分配方案具有一定程度上的稳定联盟内合作团队的作用。

（2）对联盟里的任何成员都没有诱导性，即任何成员在任何子联盟中不会比在全联盟中得到更大的利益，满足了能为理性人普遍接受的合理性规则。

然而，用 Shapley 值法进行利益分配也存在一定的不足：

（1）在求解时，Shapley 值法假定所有参与者参与合作的成功率都为 1，但现实情况往往并非如此。由于种种原因，总有部分参与者无法成功地参与合作，因此有必要设定一个风险系数来反映参与失败的情形。

（2）Shapley 值法解决利益分配问题时的思路是按照平均贡献来分配收益，并没有考虑到各自贡献的大小是怎么来的，这对于在联盟中贡献能力大的人力资本或物质资本显得尤为不公平。按实际贡献大小进行利益分配，才能真正调动联盟中贡献大的资本的积极性，从而有利于联盟的稳定发展。Shapley 值法基于平均贡献的分配原则显然不太合理，需要修正为尽可能按实际贡献进行利益分配。

6.5.3　知识型企业合作剩余分配的修正 Shapley 值解法

在合作博弈 Shapley 值解法的研究方面，张捍东、严钟和方大春（2009）应用网络分析法（ANP）确定了影响联盟利益分配的贡献率、风险及投资额等因素的权重，对基于 Shapley 值法的利益分配策略进行修正，最后通过实例证明了修正方法的合理性。姚冠新和刘玲玲（2010）以配送中心动态联盟利益的分配为例，在 Shapley 值法的基础上，对 Shapley 值只考虑贡献这一因素的不足进行了修正，综合考虑了成本、贡献、风险等因素，分别采用公平理论、Shapley 值法、综合评判计算了基于成本、贡献和风险的利益分配值，然后进行群体加权，得出最终的利益分配值。魏学成和李文涛(2010)引入综合修正因子的概念，应用模糊综合评价法对传统的Shapley值法进行了改进。王星闽、张永波和王洋天(2010)以两级供应链系统的合作增益分配为例，对shapley值法和讨价还价能力两种形式的分配策略进行了对比分析。结果发现，若讨价还价能力强的一方为核心企业，则基于讨价还价能力的协调方式对其最有利；若讨价还价能力弱的一方为核心企业，则采用Shapley值法进行分配对其最有利。

吸取前人解法的优点，结合知识型企业的基本特征和运作机制，本书提出知识型企业合作剩余分配的研究思路：以Shapley值法为基础，综合考虑创新能力、风险承担和合作程度等因素，利用层次分析法决定修正因素的权重，实现相对合理的合作剩余分配。

6.5.4 基础分配利益的计算

运用未经修正的Shapley值法计算知识型企业中各种物质资本、各种异质型人力资本和同质型人力资本的利益分配额，称为基础分配利益。

为了计算简单，我们假设某知识型企业合作博弈中有三个参与人，分别是管理型人力资本、科研型人力资本和物质资本，简称为参与人1、参与人2和参与人3，记为集合$N=\{1,2,3\}$。合作博弈中各参与人的收益值见表6-1。

表6-1 知识型企业合作剩余分配基础数据

	彼此合作的收益		
	参与人1	参与人2	参与人3
参与人1	10	30	24
参与人2	30	12	32
参与人3	24	32	6
合作总剩余60			

利用上述数据，通过Shapley值法计算企业合作剩余的基础利益分配额，具体过程见表6-2。

表 6-2　参与人 1 基础利益分配的计算

s	1	1∪2	1∪3	1∪2∪3
$v(s)$	10	30	24	60
$v(s\setminus 1)$	0	12	6	32
$v(s)-v(s\setminus 1)$	10	18	14	28
$\mid s\mid$	1	2	2	3
$w(\mid s\mid)$	1/3	1/6	1/6	1/3
$w(\mid s\mid)[v(s)-v(s\setminus 1)]$	10/3	3	7/3	28/3

参与人 1 的基础利益分配为 $\varphi_1(v)=18$

在表 6-2 中，通过将末行数据相加，得到参与人 1 的基础利益分配为 $\varphi_1(v)=18$。同理，得到参与人 2 的基础利益分配 $\varphi_2(v)=20.3$，参与人 3 的基础利益分配 $\varphi_3(v)=21.7$。由 Shapley 值法的基本原理我们很容易发现，上述基础利益分配方案同时满足个人理性和集体理性的合作成功条件，属于合作博弈的一个均衡解。

6.5.5　Shapley 值法的修正

从 Shapley 值法的基本原理可以看出，上述分配方案是从平均贡献的角度对合作剩余进行分配，没有考虑参与人彼此的风险承担能力、创新能力和合作程度等因素对企业的贡献的影响，因而是不科学的。因为知识型企业所在行业的特点决定了物质资本、管理型人力资本和科研型人力资本承担的风险（主要是技术风险和市场风险）明显高于通用型人力资本承担的风险，应该从合作总剩余中得到更多补偿；在知识型企业运行中，各种类型人力资本的创新能力对提升知识型企业的核心竞争力和竞争优势具有重要作用，利益分配时应该把合作伙伴的创新能力考虑在内；在现实中，企业合作伙伴的合作程度对企业的长期经营管理有着重要影响。受到自身认识能力的影响，物质资本和各种类型人力资本的合作程度有着较大差异，而这使得其对企业合作总剩余的影响不同。在进行合作剩余分配时，分配方案应该对上述差异有所体现。

综上所述，在进行知识型企业合作剩余分配时，需要对 Shapley 值法的利益分配额进行修正，使以上因素的贡献得到适当的体现。

对 Shapley 值法进行修正时，所选取的修正系数十分关键，因为它是决定衡量方法最终优劣的标准。在知识型企业合作剩余创造过程中，合作伙伴的创新能力、风险承担和合作程度等因素的影响较为关键，理应得到充分的反映。因此，本书假设了一个理想合作伙伴作为基础分配利益调整的标准，假设该合作伙伴风险承担最多、创新能力最强、合作程度最高，通过将物质资本和各种人力资本与该理想合作伙伴进行比较，进而确定各自的利益调整系数。具体过程如下：

将剩余分配修正因素集合定义为 $J = \{1, 2, \cdots, m\}$，假设集合中第 j 个合作伙伴关于第 i 个修正因素的测度值为 $a_{ij}(i = 1, 2, \cdots, n; j = 1, 2, \cdots, m)$，则可以得到修正矩阵 $A = (a_{ij})_{n \times m}$。

在现实中，利益分配修正矩阵 A 中的修正因素往往单位、量纲和数量级不同，需要对其做规范化处理。由于知识型企业中合作剩余分配的三个修正因素均为正值，对其进行以下处理：

取 $a_j^{\max} = \max_i a_{ij}$，$a_j^{\min} = \min_i a_{ij}$，则有

$$b_{ij} = \frac{a_{ij} - a_j^{\min}}{a_j^{\max} - a_j^{\min}} \tag{6.21}$$

我们把规范化处理后的剩余分配修正矩阵记为 $B = (b_{ij})_{n \times m}$。在修正系数确定方面，由于从式(6.21)可以发现 $\max_{i,j} b_{ij} = 1$，因此 m 个修正因素的理想点可以定义为 $B^* = (1, 1, \cdots, 1)$。依据理想点的定义，集合 N 中与理想点越近的合作伙伴越接近理想合作伙伴，由此可得，集合 N 中每个合作伙伴的修正系数就是其所有修正因素与理想伙伴之间偏差的加权。在具体操作中，修正系数可以按照以下方法计算：

将 n 个合作伙伴与理想点的距离映射到距离空间，分别计算合作伙伴 i 与理想点 B^* 的距离：$d_i = \left[\sum_{j=1}^{n} \lambda_j^p (1 - b_{ij})^p \right]^{\frac{1}{p}}$。接着确定集合 N 中每个合作伙伴与理想点之间偏差的加权平均和，取 $p = 1$，有

$$d_i = 1 - \sum_{j=1}^{n} \lambda_j b_{ij} \quad i = 1, 2, \cdots, n \tag{6.22}$$

其中，λ_j 为第 j 个修正因素的权重。对于具体权重值的确定，操作中一般使用层次分析法。将 d_i 进行标准化处理，即

$$D_i = d_i \Big/ \sum_{i=1}^{n} d_i \quad i = 1, 2, \cdots, n \qquad (6.23)$$

传统的未经修正的 Shapley 值法的基本假定之一，就是在合作博弈中各局中人的创新能力、风险承担和合作程度不存在任何差异，这也就意味着他们与理想合作伙伴经过单位化处理后的距离都是 $1/n$。对此，本书首先将利益分配修正系数定义如下：

$$k_i = \frac{1}{n} - D_i \quad i = 1, 2, \cdots, n \quad \text{且} \sum_{i=1}^{n} k_i = 0 \qquad (6.24)$$

则有修正后第 i 合作伙伴的实际利益分配额为

$$\phi_i^r(\nu) = \phi_i(\nu) + k_i \nu(i) \quad i = 1, 2, \cdots, n \qquad (6.25)$$

由于 $\sum_{i=1}^{n} \phi_i^r(\nu) = \sum_{i=1}^{n} [\phi_i(\nu) + k_i \nu(i)] = \sum_{i=1}^{n} \phi_i(\nu) + \nu(i) \times \sum_{i=1}^{n} \phi_i(\nu) = \nu(i)$，因此修正后的实际利益分配方案符合要求。

对于知识型企业各个参与人在风险承担能力、创新能力和合作程度方面的数据，假设见表 6-3。

表 6-3 原始修正数据

	风险承担能力	创新能力	合作程度
参与人 1	0.93	0.65	0.82
参与人 2	0.61	0.84	0.94
参与人 3	0.87	0.62	0.77

在计算过程中，我们利用层次分析法分别计算得出创新能力、风险承担能力和合作程度的权重为 $\lambda_1 = 0.24$，$\lambda_2 = 0.41$，$\lambda_3 = 0.34$，在此基础上计算出规范化矩阵 B、与理想点的距离 d_i 和剩余分配修正系数 k_i，最终计算出各个参与人的实际利益分配额，见表 6-4。

表 6-4 知识型企业合作剩余分配额的计算

	B			d_i	D_i	k_i	修正量	实际分配值
参与人 1	0.41	1	0.29	0.37	0.27	0.08	4.2	22.8
参与人 2	1	0	1	0.41	0.28	0.04	2.4	22.7
参与人 3	0	0.81	0	0.65	0.46	-0.12	-7.2	14.5

表 6-4 所示的分配方案表明,考虑参与人自身对联盟的贡献之后,修正后参与人 1 和参与人 2 得到了比原来基础收益更高的实际分配额,参与人 3 修正后的实际分配额却减少了。这种方法可以较好地反映知识型企业中合作剩余分配价值创造的现实状况,具有合理性。虽然以上只是一个数值例子,但却从合作博弈角度为我们提供了一种计算知识型企业内各个主体合作剩余分配额的思路,具有很好的实践价值。

6.6 结语

通过合作,可以给博弈中的参与人带来收益,而公平合理的利益分配是促进各方展开合作的主要动力。古人云"不患寡而患不均",合作剩余分配是知识型企业在管理方面所遇到的关键问题之一,也是相对较难完全解决的问题。考虑到知识型企业不同于一般的企业特点,本章从合作博弈的角度对合作剩余分配方法进行了探讨,在一定程度上弥补了二人讨价还价博弈对企业内各个利益主体描述过于简单的不足,使利益分配更符合实际,同时也更具现实指导意义。

第 7 章
CHAPTER 7

结论与展望

作为知识和资本的结合体，知识型企业有着不同于传统企业的管理机制和运行方式，如何解决人力资本和物质资本之间的合作剩余分配问题是研究者长期关注的重要问题。了解人力资本在现代企业特别是知识型企业中的贡献、要求人力资本享有企业合作剩余分配权利是企业制度安排的大势所趋。因此，企业的合作剩余分配应该是在产权独立、权利平等的基础上，企业契约各方通过谈判，依据财产所有权原则、贡献原则和风险承担原则来安排。不同于传统行业的企业，知识型企业的知识技术密集的特性决定了其人力资本具有较强的谈判力，并且在知识型企业发展的不同阶段、在不同的知识型企业中人力资本的谈判力不同。对知识型企业而言，企业的合作剩余分配是各种要素所有者讨价还价博弈的结果，并非一次博弈而定终身，而是一个不断调整的动态博弈过程，当内外部影响因素变化时，企业的合作剩余分配结果也会随之变化，因此，企业的合作剩余分配是各要素所有者讨价还价能力的动态纳什均衡。

7.1　主要创新点

本书从讨价还价博弈的视角出发，结合知识型企业自身的特点，以博弈论作为工具对知识和资本在内部治理中的突出问题——合作剩余分配的影响因素和经济意义加以剖析和探究，有助于深入理解知识型企业合作剩余分配的影响因素和博弈过程。本书研究的创新之处主要体现在以下几方面：

（1）在对讨价还价博弈理论进行系统评述的基础上，以纳什公理性讨价还价模型和鲁宾斯坦策略型轮流出价讨价还价模型作为研究工具，详细地描述和刻画了知识型企业治理中的合作剩余分配谈判过程，分析了人力资本与物质资本谈判力的变化对企业合作剩余分配格局的影响。

（2）在知识型企业合作剩余分配中，信息差异、风险规避程度、资产专用性和市场稀缺程度等因素决定了双方的谈判能力，进而决定了双方合作剩余收益的分配。本书对以上影响谈判能力的因素分别建立博弈模型进行分析，讨论了这些因素对双方谈判能力及合作剩余分配的具体影响，分析了不同情形下讨价还价博弈的博弈过程和均衡结果如何随之变化。

（3）本书将讨价还价博弈引入知识型企业合作剩余分配中，构建了不同条件下知识型企业合作剩余分配的讨价还价博弈模型，对传统的讨价还价博弈模型进行了一定程度的创新，丰富了讨价还价博弈模型的理论形式，拓展了讨价还价博弈研究方法的理论应用范围。

7.2 未来研究方向

尽管本书基于讨价还价博弈理论对不同条件下知识型企业的合作剩余分配过程进行了较为深入的理论分析，讨论了信息差异、风险规避程度、耐心因素、资产专用性和市场稀缺程度等因素对知识型企业合作剩余分配中讨价还价能力的影响，在一定程度上进行了创新，但仍然存在不完善之处，还有待于进一步研究。未来的研究应从以下几个方面展开：

（1）本书在进行讨价还价博弈分析时，仅考虑了单一因素对合作剩余分配结果的影响，而现实中往往是多种因素同时发生作用，双方的讨价还价能力是多种因素综合作用的结果。对此，需要建立同时考虑两种或多种因素的讨价还价模型，这样模型构建的复杂程度将大大增加。如何对此模型进行博弈分析，将是后续研究的重点。

（2）本书从讨价还价博弈角度对知识型企业的合作剩余分配进行了深入研究，然而现实中的经济环境远比模型的假设要复杂得多，如何切合实际地对更复杂情形下我国知识型企业的合作剩余谈判进行研究，是一个值得认真思考的问题。

（3）本书中，在知识型企业的合作剩余分配博弈参与主体具有三个或者更多时，采用了合作博弈的修正夏普利法求解，可能具有更好的合作博弈求解方法，寻找更贴近现实的解法也是一个值得研究的方向。

参考文献

中文文献

[1] 罗巧根,李国柱. 资本资产定价模型的逻辑悖论及资本资产的纳什议价模型[J]. 金融教学与研究,2003(4):26-30.

[2] 齐良书. 议价能力变化对家务劳动时间配置的影响——来自中国双收入家庭的经验证据[J]. 经济研究,2005(9):78-90.

[3] 谢艳,秦启文,王勇. 征地补偿模式的经济学分析——基于不完全信息下的议价模型[J]. 中国土地科学,2008(10):12-16.

[4] 李小龙,吴柏均. 转型期中国城市职工下岗的非合作议价模型分析[J]. 华东理工大学学报(社会科学版),2006(3):46-50.

[5] 赵勇,王鹏."奶业企业+奶农"模式下的利益分配及其对契约的影响——基于动态议价模型的理论解释[J]. 经济师,2008(11):245-246.

[6] 邱新平,吕廷杰. 基于Rubinstein议价模型的几点推论[J]. 数量经济技术经济研究,2004(8):149-150.

[7] 熊云洋. 动态议价模型及其应用[J]. 当代财经,2001(5):18-19.

[8] 姜彦福,程源,程航. 国际技术转让的博弈论议价模型分析[J]. 技术经济,2001(10):33-35.

[9] 贾让成,李龙. 外来务工人员收入分配地位成因的博弈分析——一个扩展的讨价还价模型[J]. 上海经济研究,2008(7):33-39.

[10] 顾庆良,陈绣华. 在中国议价行为的实验经济学研究[J]. 东华大学学报(社会科学版),2001(2):25-31.

[11] 张国琪. 国际技术转让价格讨价还价模型研究[D]. 吉林：吉林大学，2007.

[12] 付克耀. 讨价还价模型在风险投资中的应用[D]. 武汉大学，2005.

[13] 于波涛，于渤. 讨价还价模型的并购谈判策略研究[J]. 哈尔滨工程大学学报，2008(9)：107-101.

[14] 高广阔. 基于绿色管理的跨国公司与发展中国家讨价还价模型研究[J]. 中国工业经济，2006(7)：53-58.

[15] 李庆华，王文平. 长三角地区两层次行为主体利益分享机制——基于讨价还价模型的分析[J]. 技术经济，2007(4)：74-89.

[16] 杨伟，吴振宁，黎青松. 基于讨价还价模型的供应链博弈分析[J]. 小型内燃机与摩托车，2006(2)：56-58.

[17] 高宏伟. 轮流出价的讨价还价模型的均衡证明[J]. 数量经济技术经济研究，1998(9)：56-57.

[18] 熊运莲，熊中楷，熊洪川，金乐茹. 基于效用理论的企业并购价格谈判的讨价还价模型[J]. 统计与决策，2005(20)：48-54.

[19] 向钢华，王永县. 一种不完全信息相互威慑讨价还价模型[J]. 运筹与管理，2008(6)：16-19.

[20] 周黎丽，胡赛全. 征税腐败问题分析——基于有谈判破裂风险的讨价还价模型[J]. 全国商情经济理论研究，2008(16)：133-134.

[21] 蔡志明. 议价行为的博弈理论与博弈实验研究. 华东师范大学学报(哲学社会科学版)，1999(6)：68-74.

[22] 陈宗胜，杨晓康. 市场里的企业：一个非合作讨价还价重复博弈[J]. 管理世界，1997(6)：116-125.

[23] 李建标，李晓义. Nash谈判解的预测能力——中国被试的实验证据[J]. 南开经济研究，2007(6)：33-42.

[24] 李建华，张国琪. 具有破裂风险的讨价还价模型研究[J]. 税务与经济，2007(4)：8-11.

[25] 李建华,张国琪. 国际技术转让价格的讨价还价模型研究[J]. 北京工业大学学报(社会科学版),2008(1):28-32.

[26] 李军林,李天有. 讨价还价理论及其最近的发展[J]. 经济理论与经济管理,2005(3):63-67.

[27] 施密特海克,李竹渝. 讨价还价实力:中德之间的实验研究[J]. 南开管理评论,2006(2):31-38.

[28] 覃家琦. 契约安排、谈判过程与讨价还价[J]. 当代财经,2004(5):12-18.

[29] 王新华,虞洁. 特殊人力资本参与企业剩余分配模型及其应用[J]. 财经理论与实践,2003(3):100-102.

[30] 刘国亮,马艳秋. 高校与企业合作科技成果转化模式选择的博弈分析[J]. 工业技术经济,2009(1):119-121.

[31] 刘兴,顾海英. 可谈判条件下技术许可契约问题研究——一个纳什讨价还价模型的应用[J]. 科技进步与对策,2009(13):132-134.

[32] 李军林. 权利、均衡与制度变迁——一种关于产权起源的非合作博弈解释[J]. 南开经济研究,1998(2):52-68.

[33] 黄少安,宫明波. 论两主体情形下合作剩余的分配——以悬赏广告为例[J]. 经济研究,2003(12):78-92.

[34] 高伟凯. 企业所有权理论的历史演进[J]. 山西财经大学学报,2007(11):17-26.

[35] 苏晓华. 企业治理之租金视角研究——一个理论框架及其在高科技企业中的应用[J]. 中国工业经济,2004(7):84-90.

[36] 江志娟. 基于合作博弈的供应商选择研究[J]. 钦州学院学报,2009(3):111-113.

[37] 杨文博,高政利. 价值网络合作博弈核心解的非空性[J]. 系统工程,2009(11):77-81.

[38] 陈六新,赵乾坤. 合作博弈联盟稳定的特征[J]. 四川文理学院学报,2008(2):8-10.

[39] 鲁栗. 基于合作博弈核仁解的输电固定费用分摊[D]. 湖南大学, 2005.

[40] 韩勇, 谭忠富. 合作博弈方法在输电费用分配中的应用[J]. 华北电力大学学报, 2004(1): 73-76.

[41] 曹曙林. 知识型企业人力资本所有者分享剩余收益研究[D]. 中南大学, 2006.

[42] 佟爱琴. 知识型企业人力资本介入治理及其制度创新研究[D]. 同济大学, 2008.

[43] 丁平. 知识型企业人力资本参与企业收益分配研究[D]. 安徽农业大学, 2008.

[44] 游小聪. 谈判力研究综述[J]. 广东农工商职业技术学院学报, 2009(2): 59-62.

[45] 冯子标, 焦斌龙. 人力资本参与企业收益分配的条件探讨[J]. 生产力研究, 2004(7): 5-10.

[46] 赵德海, 衣龙新. 基于"综合谈判力"的企业合作剩余分配[J]. 中国工业经济, 2004(11): 54-59.

[47] 程承坪. 企业所有权谈判力的影响因素分析[J]. 当代经济管理, 2006(5): 17-22.

[48] 何炜. 国际钢结构工程项目商务谈判的博弈分析[D]. 上海交通大学, 2009.

[49] 敬震海. 讨价还价中区间边界与过程的分析[D]. 重庆大学, 2003.

[50] 姚冠新, 刘玲玲. 基于修正 Shapley 值法的配送中心动态联盟利益分配研究[J]. 科技与管理, 2010(3): 23-39.

[51] 张捍东, 严钟, 方大春. 应用 ANP 的 Shapley 值法动态联盟利益分配策略[J]. 系统工程学报, 2009(2): 205-211.

[52] 魏学成, 李文涛. 基于改进 Shapley 值法的供应链联盟利益分配研究[J]. 统计与决策, 2010(23): 53-55.

[53] 王星闽, 张永波, 王洋天. 供应链协调策略: 基于 Shapley 值

法和讨价还价能力的比较[J]. 学术论坛, 2010(10): 146 – 149.

[54] 周鹏, 张宏志. 利益相关者间的谈判与企业治理结构[J]. 经济研究, 2002(6): 55 – 95.

[55] 刘玉萍. 基于人力资本专用性的高新技术企业治理研究[D]. 四川师范大学, 2006.

[56] 夏冬, 李垣. 所有权、市场竞争及人力资本专用性——一个模型的建立及扩展[J]. 管理工程学报, 2004(2): 35 – 38.

[57] 郭炜. 人力资本专用性与高新技术企业"进入权"激励探讨[J]. 四川经济管理学院学报, 2008(4): 42 – 44.

[58] 陈清华, 李向民. 人力资本专用性与创意型企业治理[J]. 江苏社会科学, 2008(1): 80 – 83.

[59] 王勤. 基于合作研发成员风险态度的激励机制研究[D]. 大连理工大学, 2005.

[60] 郭新燕, 原毅军, 王勤. 基于成员风险态度变化的合作研发动态激励机制研究[J]. 科学学与科学技术管理, 2008(6): 169 – 171.

[61] 胥爱欢, 林孝贵. 投资者风险态度与我国股票市场发展的联动效应[J]. 金融教学与研究, 2008(2): 50 – 59.

[62] 肖鹏, 汪琼. 完全信息下的战略联盟企业风险态度与收益的策略博弈[J]. 当代经济管理, 2006(5): 43 – 49.

[63] 胡松, 杨招军. 效用无差别定价与投资者风险态度的数量关系[J]. 吉首大学学报(自然科学版), 2005(3): 79 – 82.

[64] 韩国文, 陆菊春. 对建立存款保险制度的冷思考——基于银行间动态博弈和存款人风险态度的分析[J]. 经济管理, 2009(4): 120 – 123.

英文文献

[65] Arnaud Cheron, Francois Langot. Labor Market Search and Real Business Cycles: Reconciling Nash Bargaining with the Real Wage Dynamics[J]. Review of Economic Dynamics, 2004, 7(2): 476 – 493.

[66] Abreu D. On the Theory of Infinitely Repeated Games with Discounting[J].

Econometrica, 1988(56): 383 – 396.

[67] Akerlof G. The Market for Lemons: Qualitative Uncertainty and the Market Mechanism[J]. Quarterly Journal of Economics, 1970(89): 488 – 500.

[68] Ausubel L, Deneckere R. Reputation in Bargaining and Durable Goods Monopoly[J]. Econometrica, 1989(57): 511 – 531.

[69] Avery C, Zemsky P. Money Burning and Multiple Equilibria in Bargaining[J]. Games and Economic Behavior, 1994(7): 154 – 168.

[70] Allan D, Nuno L A. A Bargaining Theory of Inefficient Redistribution Policies[J]. International Economic Review, 2008(49): 621 – 657.

[71] Anne Lauringson. Measuring Union Bargaining Power in the Estonian Public Sector [D]. University of Tartu-Faculty of Economics and Business Administration Working Paper Series, 2010, 72, University of Tartu(Estonia).

[72] Anders F, Nils G. Prices, Productivity and Wage Bargaining in Open Economies[J]. Scandinavian Journal of Economics, 2008(1): 169 – 195.

[73] Bac M, Raff H. Issue-By-Issue Negotiations: The Role of Information and Time Preferences [J]. Games and Economic Behavior, 1996 (13): 125 – 134.

[74] Basu K, Bhattacharya S, Mishra A. Notes on Bribery and the Control of Corruption[J]. Journal of Public Economics, 1992(48): 349 – 359.

[75] Bebchuk L. Litigation and Settlement under Imperfect Information[J]. Rand Journal of Economics, 1984(15): 404 – 415.

[76] Binmore K, Piccione M, Samuelson L. Evolutionary Stability in Alternating-Offers Bargaining Games[J]. Journal of Economic Theory, 1998(80): 257 – 291.

[77] Binmore K, Rubinstein A, Wolinsky A. The Nash Bargaining Solution in Economic Modelling[J]. Rand Journal of Economics, 1986(17): 176 – 188.

[78] Bolt W, Houba H. Strategic Bargaining in the Variable Threat Game[J]. Economic Theory, 1997(11): 57 – 77.

[79] Nayak B K, Surya Dev. Low Bargaining Power of Labor Attracts FDI to India[J]. Journal of Financial Economics, 2005(2): 52 – 55.

[80] Busch L, Wen Q. Perfect Equilibria in a Negotiation Model[J]. Econometrica, 1995(63): 545 – 565.

[81] Chatterjee K, Dutta B, Ray D, Sengupta K. A Non-Cooperative Theory of Coalitional Bargaining[J]. Review of Economic Studies, 1993(60): 463 – 477.

[82] Charles A Wilson. Mediation and the Nash Bargaining Solution[J]. Review of Economic Design, 2001, 6(3): 353 – 370.

[83] Crawford V. A Theory of Disagreement in Bargaining[J]. Econometrica, 1982(50): 607 – 637.

[84] Meza D, Lockwood B. Does Asset Ownership Always Motivate Managers? Outside Options and the Property Rights Theory of the Firm[J]. Quarterly Journal of Economics, 1998(113): 361 – 386.

[85] Ellingsen T. The Evolution of Bargaining Behavior[J]. Quarterly Journal of Economics, 1997(112): 581 – 602.

[86] Fernandez R, Glazer J. Striking for a Bargain between Two Completely Informed Agents[J]. American Economic Review, 1991(81): 240 – 252.

[87] Gersbach H, Haller H. Bargaining Power and Equilibrium Consumption[J]. Social Choice and Welfare, 2009(33): 665 – 690.

[88] Galasso, Alberto. Coordination and Bargaining Power in Contracting with Externalities[J]. Journal of Economic Theory, 2008, 143(1): 558 – 570.

[89] Guhan Subramanian. Takeover Defenses and Bargaining Power[J]. Journal of Applied Corporate Finance, 2005, 17(4): 85 – 96.

[90] Hart O, Moore J. Property Rights and the Nature of the Firm[J]. Journal of Political Economy, 1990(98): 1119 – 1158.

[91] Hendon E, Jacobsen H, Sloth B. The One-Shot-Deviation Principle for Sequential Rationality[J]. Games and Economic Behavior, 1996(12): 274 – 282.

[92] Holden S. Bargaining and Commitment in a Permanent Relationship[J]. Games and Economic Behavior, 1994(7): 169 – 176.

[93] Holger Seebens, Johannes Sauer. Bargaining Power and Efficiency-

Rural Households in Ethiopia[J]. Journal of International Development, 2007, 19(7): 895 –918.

[94] Knabe, Andreas. Implementing Endogenous inside Options in Nash Wage Bargaining Models[J]. Mathematical Social Sciences, 2009, 57(2): 161 –176.

[95] Laruelle, Annick, Valenciano, Federico. Noncooperative Foundations of Bargaining Power in Committees and the Shapley-Shubik Index[J]. Games and Economic Behavior, 2008, 63(1): 41 –353.

[96] Leach J. Inventories and Wage Bargaining[J]. Journal of Economic Theory, 1997(75): 433 –463.

[97] Malcomson J. Contracts, Hold-Up, and Labor Markets[J]. Journal of Economic Literature, 1997(35): 1916 –1957.

[98] Muthoo A. Bargaining without Commitment[J]. Games and Economic Behavior, 1990(2): 291 –297.

[99] Muthoo A. A Note on Bargaining Over a Finite Number of Feasible Agreements[J]. Economic Theory, 1991(1): 290 –292.

[100] Muthoo A. A Note on Repeated-Offers Bargaining With One-Sided Incomplete Information[J]. Economic Theory, 1994(4): 295 –301.

[101] Muthoo A. A Bargaining Model with Players' Perceptions on the Retractability of Offers[J]. Theory and Decision, 1995(38): 85 –98.

[102] Muthoo A. Bargaining in a Long-Term Relationship with Endogenous Termination[J]. Journal of Economic Theory, 1995(66): 590 –598.

[103] Muthoo A. A Bargaining Model Based on the Commitment Tactic[J]. Journal of Economic Theory, 1996(69): 134 –152.

[104] Muthoo A. Bargaining Theory with Applications[M]. Cambridge University Press, 1999.

[105] Nash J. The Bargaining Problem [J]. Econometrica, 1950(18): 155 –162.

[106] Nash J. Two-Person Cooperative Games[J]. Econometrica, 1953(21): 128 –140.

[107] Perry M, Reny P. A Non-Cooperative Bargaining Model with Strategi-

cally Timed Offers[J]. Journal of Economic Theory, 1993(59): 55 – 77.

[108] Ponsati C, Sakovics J. Rubinstein Bargaining with Two-Sided Outside Options[J]. Economic Theory, 1998(11): 667 – 672.

[109] Piccione, Michele, Rubinstein, Ariel. The Curse of Wealth and Power[J]. Journal of Economic Theory, 2004(117): 119 – 123.

[110] Rubinstein A. Perfect Equilibrium in a Bargaining Model[J]. Econometrica, 1982(50): 97 – 110.

[111] Rubinstein A. A Bargaining Model with Incomplete Information about Time Preferences[J]. Econometrica, 1985(53): 1151 – 1172.

[112] Rubinstein A. Comments on the Interpretation of Game Theory[J]. Econometrica, 1991(59): 909 – 924.

[113] Rubinstein A. Modeling Bounded Rationality[M]. MIT Press, 1998, Cambridge, Massachusetts.

[114] Rubinstein A, Safra Z, Thomson W. On the Interpretation of the Nash Bargaining Solution and Its Extension to Non-Expected Utility Preferences[J]. Econometrica, 1992(60): 1171 – 1186.

[115] Rubinstein A, Wolinsky A. Equilibrium in a Market with Sequential Bargaining[J]. Econometrica, 1985(53): 1131 – 1150.

[116] Sung-Hyuk Ko, Byoung Heon Jun. Informational Disadvantage and Bargaining Power[D]. Discussion Paper Series, 20070711, Institute of Economic Research, Korea University.

[117] Skilton, Paul F. Knowledge Based Resources, Property Based Resources and Supplier Bargaining Power in Hollywood Motion Picture Projects[J]. Journal of Business Research, 2009, 62(8): 834 – 840.

[118] Sonia Oreffice. Did the Legalization of Abortion Increase Women's Household Bargaining Power? Evidence from Labor Supply [J]. Review of Economics of the Household, 2007, 5(2): 181 – 207.

[119] Suh, Sang-Chul, Wen, Quan. Multi-Agent Bilateral Bargaining and the Nash Bargaining Solution[J]. Journal of Mathematical Economics, 2006, 42(1): 61 – 73.

[120] Spier K. Pretrial Bargaining and the Design of Fee-Shifting Rules[J]. Rand Journal of Economics, 1994(25): 197 –214.

[121] Vincent D. Bargaining with Common Values[J]. Journal of Economic Theory, 1989(48): 47 –62.

[122] Wang G. Bargaining over a Menu of Wage Contracts[J]. Review of Economic Studies, 1998(65): 295 –305.

[123] William Thomson. Bargaining and the Theory of Cooperative Games: John Nash and Beyond[D]. RCER Working Papers, 2009, 554, University of Rochester-Center for Economic Research.

[124] Walter Trockel. Core-Equivalence for the Nash Bargaining Solution[J]. Economic Theory, 2005, 25(1): 255 –263.

[125] William D Ferguson. Fair Wages, Worker Motivation, and Implicit Bargaining Power in Segmented Labor Markets[J]. Journal of Institutional and Theoretical Economics (JITE), 2005, 161(1): 126 –141.

[126] Walter Trockel. A Universal Meta Bargaining Implementation of the Nash Solution[J]. Social Choice and Welfare, 2002, 19(3): 581 –586.

索　引

B

报酬递增	050
贝叶斯—纳什均衡	018
标准式	019
标准式表述	019
博弈类型	019
博弈论	009
博弈模型	010
博弈树	070
不完全信息动态博弈	018
不完全信息静态博弈	018

C

参与者集	019
层次分析法	145
超边际性	006
超可加性	135
出价顺序	074

D

动态博弈	009
对策论	015
多人博弈	012

E

二分法	008
二人博弈	133
二人零和博弈	016

F

非对称信息	011
非合作博弈	009
风险规避	009
风险规避程度	009
风险极限	096
风险偏好	010
风险态度	011
风险态度差异	011
风险厌恶	091
风险中性	050
赋值法	012

G

个体理性	021
公理化方法	009
古典讨价还价理论	011

H

合作博弈	009

合作剩余分配	006	联盟函数	134
合作失败	082	联盟型博弈	135
核仁	136	鲁宾斯坦战略型讨价还价博弈	011
核心	003	**N**	

J

机会成本	026	纳什公理型讨价还价模型	011
基础分配利益	145	纳什均衡	009
激励机制	083	内核	136
激励契约	080	**P**	
集体理性	025	帕累托最优性	025
技术密集型行业	011	破裂风险	037
进化博弈	018	**Q**	
精炼贝叶斯—纳什均衡	022	期望效用	022
精炼纳什均衡	018	企业合约	008
静态博弈	018	企业生命周期	011
矩阵式表述	019	企业组织形态	008
距离空间	147	囚犯困境	017
均衡解	017	**R**	

K

		人力资本	003
可转移支付联盟博弈	020	人力资本所有者	006
扩展式	019	**S**	
扩展式表述	019	私人信息	068

L

		T	
劳动密集型行业	011	谈判集	136
理想点	147	谈判解	029
理性预期	019	谈判期限	074
利益调整系数	147	谈判期限	074
连续型随机变量	091	谈判行为	009
联盟博弈	017	讨价还价博弈	008

讨价还价技巧	011	信息交换	064
讨价还价能力	009	信息结构	011
特征函数	015	行动空间	020
特征函数型	015	行动顺序	020
贴现	032	修正系数	147
贴现因子	032	**Y**	
通用性资产	076	隐藏行动模型	064
团体理性	021	优超法	012
退出谈判	046	预期讨价还价区间	064
W		**Z**	
威胁点	031	战略式表述	019
稳定集	136	支付函数	019
无限期博弈	035	知识经济	003
物质资本	006	知识资本	004
X		制度框架	008
夏普利值	017	资本密集型行业	011
现代企业理论	008	资产专用性	009
线性规划	141	子博弈	018
效用函数	016	子博弈精炼纳什均衡	022
信息差异	009	子集	020
信息集	020		

后　记

本书的基本内容来源于我的博士论文《知识型企业合作剩余分配讨价还价博弈分析》，时隔五年，略作修改出版。

在整理当年原稿的过程中，我在首都经济贸易大学的三年学习经历又浮现在眼前。2008年，初到北京攻读博士学位，茫然间不知如何着手进行研究，是我的导师王文举教授引导我进入博弈论的神圣殿堂。从选题开题、修改到成稿，王老师给了我很多帮助。王老师有针对性的指导常让我有醍醐灌顶之感。此外，王老师渊博的学识、高尚的人格魅力和严谨的治学态度也深深影响了我。在此，我对王老师致以最崇高的敬意、最诚挚的感谢和最美好的祝福！

此外，感谢田新民教授、廖明球教授和王利教授等三年来对我的教育和培养。田新民教授的数理金融课程使我受益匪浅。廖明球教授讲授的计量经济学课程为我奠定了坚实的专业基础。王利教授传授的经济仿真方法开拓了我的学术视野。

论文的写作也许是世界上最为枯燥、艰辛又富有挑战的工作之一。在写作过程中，与同窗刘硕、白卫国、杨永恒和匡祥林的交流使我受益颇多；李东升、王重和崔焕金同学帮助我理清了写作思路，还提出了诸多宝贵的意见和建议，也对他们表示真挚的感谢。在本书从成稿到出版的五年时间里，获悉李东升同学获批两项国家社会科学基金项目，王重同学获批一项全国教育科学规划项目，崔焕金同学在顶尖期刊发表多篇论文，在此衷心地祝贺他们所取得的好成绩。

最后要说明的是，由于学术水平、科研能力和研究条件等多方面的限制，本书研究在很多方面仍存在不足，恳请阅读本书的读者朋友多予指正，本人不胜感激！